职业教育规划教材 · 应用文系列

应用文写作模块化教程

主　编　祝子媛
副主编　罗时髦　田运科　徐耀鸿

WUHAN UNIVERSITY PRESS
武汉大学出版社

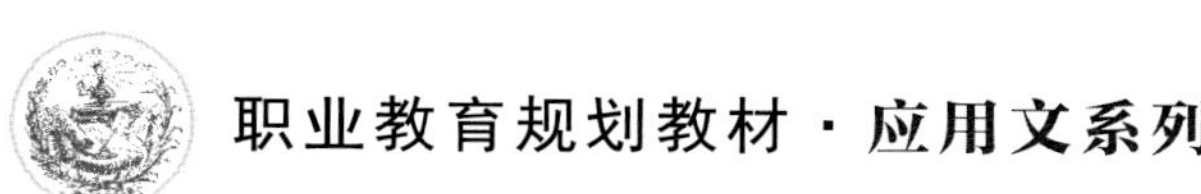

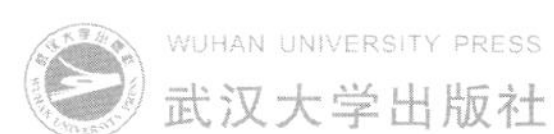

图书在版编目(CIP)数据

应用文写作模块化教程/祝子媛主编.—武汉：武汉大学出版社,2019.8
职业教育规划教材.应用文系列
ISBN 978-7-307-21032-5

Ⅰ.应…　Ⅱ.祝…　Ⅲ.汉语—应用文—写作—高等职业教育—教材
Ⅳ.H152.3

中国版本图书馆 CIP 数据核字(2019)第 133652 号

责任编辑:唐　伟　　　责任校对:李孟潇　　　版式设计:马　佳

出版发行：武汉大学出版社　(430072　武昌　珞珈山)
(电子邮箱：cbs22@ whu.edu.cn　网址：www.wdp. com.cn)
印刷:武汉图物印刷有限公司
开本:787×1092　1/16　印张:13　字数:305 千字　插页:1
版次:2019 年 8 月第 1 版　2019 年 8 月第 1 次印刷
ISBN 978-7-307-21032-5　定价:39.00 元

前　言

在当前这个信息化高速发展的时代，随着职业教育改革的不断深化，应用文在人们工作、管理、学习、交往、生活中发挥着越来越重要的作用。教育家叶圣陶说过："大学毕业生不一定会写小说、诗歌，但是一定要写工作和生活中实用的文章，而且非写得既通畅又扎实不可。"

作为高职院校公共基础课(综合素质课)之一的应用文写作课程，一直肩负着提升大学生职业素养的使命。高等职业院校学生掌握应用文写作的基本知识和技能，全面提升写作素养，不仅是社会进步的必然要求，也是自身发展的客观需要。

本教材依据课程特点，以培养学生应用文写作能力，提升应用文写作思维为目标，优化"情境教学""项目导向"的教学模式，符合写作及教学规律，全书除理论概述部分外共分为三大模块，涉及职场模块、专业模块、拓展模块共22个项目、25个实用文种，近百篇例文。教材的基本框架是：以情境导入激发学习兴趣，以知识梳理打好理论基础，以范文评析开展写作指导，以注意事项强调写作要求，以写作实训强化写作练习，以知识链接进行能力拓展。

本教材坚持注重理论的系统性，突出文体的实用性、案例的丰富性和实践的可操作性，并力求理论学习与实践练习的有机结合。在编写过程中，突出了以下几个特色：

(1)精选文种，突出实用性。本书力求做到"三个服务"(服务专业、服务职业、服务学生可持续发展)，在文种选择上，注重学生的日常文体写作需要和以后就业的写作需求，所选文种都是使用频率较高、实用性较强的文种，在内容编写上，适应高职高专的人才培养特点，突出应用性和针对性，力求以实践教学缩短学生与未来工作岗位的距离。

(2)精心设计，增加趣味性。写作的枯燥和乏味容易让学生产生畏难情绪，与此同时，还有很多人意识不到写作对于职业发展的重要作用。因此，本书设置了情境导入和知识链接，多以职场情境增强代入感，让学生能够体会并感知写作的重要性和趣味性，从而提高学习的积极性。

(3)强化实训，提升应用性。本教材将理论部分适当精简，增加案例分析和写作实训，例文丰富多样、指导性强，结合理论基础能更好地融会贯通。写作实训在此基础上进一步强调应用性，例如情境写作训练，提供与学生日常的学习和生活相关的写作情境，让学生依据规范、借鉴例文练写出符合要求的应用文，达到提高写作能力的目的。

本书由湖北工业职业技术学院祝子媛主编，罗时髦、田运科、徐耀鸿参编，具体编写分工如下：条据、求职信、计划、活动策划、总结、商品说明书部分由罗时髦编写，导游词与旅游线路规划部分由田运科编写，余下所有部分由祝子媛编写。

在编写过程中，我们参阅了不少相关资料，尤其是范文部分，大多保持原文并注明了出处，在此特向这些文章的作者致以最诚挚的谢意！

我们学校领导及学院领导都对本教材的撰写给予了大力支持与帮助，这是本教材能够顺利完成并出版的重要后援力量，对这份支持我们表示衷心的感谢！本书还得到了武汉大学出版社同仁的大力帮助，他们付出了大量的时间和心血，在此一并表示深深的谢意！

本书所有的参编人员都是高校专业教学的骨干教师，但由于时间有限以及自身知识水平的不足，疏漏之处在所难免，恳请批评指正。

目　　录

理论模块

职场模块

专业模块

拓展模块

理论模块

项目一　应用文概述

☞ **学习目标**

◆　了解学习应用文写作的重要性。

◆　理解应用文写作的概念和基本特征。

◆　掌握应用文写作的常用方法和语言特征。

◆　提高对应用文写作的兴趣。

一、情境导入

《颜氏家训·勉学》中记载了这样一个故事："博士买驴，书券三纸，未有驴字。"说的是当时有个博士，熟读四书五经，满肚子都是经文。他非常欣赏自己，做什么事都要咬文嚼字一番。

有一天，博士家的一头驴子死了，就到市场上去买一头。双方讲好价后，博士要卖驴的写一份凭据。卖驴的表示自己不识字，请博士代写，博士马上答应。卖驴的当即借来笔墨纸砚，博士马上书写起来。他写得非常认真，过了好长时间，三张纸上都是密密麻麻的字，才算写成。卖驴的请博士念给他听，博士干咳了一声，就摇头晃脑地念了起来，过路人都围上来听。

过了好半天，博士才念完凭据。卖驴的听后，不理解地问他说："先生写了满满三张纸，怎么连个驴字也没有呀？其实，只要写上某月某日我卖给你一头驴子，收了你多少钱，也就完了，为什么唠唠叨叨地写这么多呢？"

在旁观看的人听了，都哄笑起来。后来人们形容写文章或讲话不得要领，虽然写了一大篇，说了一大堆，却都离题很远就叫"博士买驴"，或叫"三纸无驴"，也就是所谓"下笔千言，离题万里"。

这是一则关于"博士买驴"的笑话，从这则笑话中我们不难看出应用文写作在社会中的重要性，那么，我们应该如何学习应用文呢？接下来，让我们一起寻找问题的答案吧！

二、知识梳理

（一）应用文的概念

1. 应用文的概念

通常所说的应用文，是指国家机关、企事业单位、社会团体以及人民群众个人在日常的工作、学习、生活中用以办理公务以及个人事务、传播信息、表述意愿时所使用的具有直接实用价值的惯用体式的文章。

2. 应用文的种类

按照使用领域划分为四大类：行政公文、事务文书、专业工作应用文、日常应用文。

(1)行政公文，全称为国家行政机关公文，写作比较严格，具有一定的法律效力，如国务院办公厅2012年印发的《党政机关公文处理工作条例》。国家行政机关公文最新版本有15种，分别是决议、决定、命令(令)、公报、公告、通告、意见、通知、通报、报告、请示、批复、议案、函、纪要，比2000年8月的版本多了决议和公报两个文种。

(2)事务文书，全称为日常行政机关公文，指国家法定的行政机关公文以外的一些事务文件。是用来处理单位内部日常事务，与具体部门进行工作联系的应用文。具体包括简报、计划、总结、调查报告、规章制度、介绍信、证明信等。

(3)专业工作应用文，指在一定专业机关或者专门的业务活动领域内，因特殊需要而专门形成和使用的应用文。

(4)日常应用文，简称日常文书，是个人用来处理日常生活事务和礼仪的应用文。例如：书信、启示、请柬、讣告、日记、读书笔记。

(二)应用文的特点

应用文以实用为目的，与文学作品相比，它在文体特征、写作特点、写作规律、写作方法、社会作用等许多方面大不相同，这里我们所谈的应用文的特点，主要是就其与文学作品的比较而言的。

1. 实用性

文章的写作都有明确的目的，都是为实现一定的目的而写的。比如文学作品的写作目的是为了反映社会生活，表达人们的思想感情。应用文写作则不同，它是以实用性为其出发点和归宿，是人们为实现某种实际效用，达到某种实用目的、解决实际问题而运用的一种必不可少的手段、工具。比如写一篇请示，是为了向上级请求批准办理某一事项；写一份财务报告，目的是向上级报告财务收支状况；写一篇广告，是为了向公众宣传某种商品和服务。

2. 规范性

文学作品只有体裁上的区别，而在统一的体裁中可以千姿百态、争奇斗艳。在文学创作中，我们反对格式雷同，走程式化道路。但是，应用文恰恰在格式上具有程式化、规范化的特点。按照规范格式进行写作，这是应用文的基本写作要求和最显著的特点，是应用文必不可少的组成部分。

首先，不同的文种具有不同的写作格式，这种要求不仅有利于区分不同文种，便于应用文的分类和管理，还可以提高工作效率。其次，规范格式本身就带有一定的权威性和严肃性。比如中共中央办公厅和国务院办公厅对国家党政机关法定公文规定了非常细致严格的格式，包括公文用纸、版面形式等，这些格式从外观上就给人以庄重、严整的印象。最后，相对固定的规范格式有利于应用文的作者根据文章的用途迅速理清自己的思路，确定主题，选择材料，写出符合要求的文书，同时也有利于读者迅速抓住文章的主要精神，领会作者的写作意图，以便贯彻执行，落实工作。

3. 真实性

文学创作可以虚构，文学作品中的人不等于现实中的生活原型，故事情节也不都是真实事件，正所谓“艺术来源于生活，但是高于生活”。但是应用文是为办事而写的文章，现实效应是应用文的直接目的，作为解决实际问题的应用文体，它必须如实反映客观现实。因此，和文学作品允许虚构、强调艺术加工的创作要求不一样，材料真实、论据确凿、据实行文，这是应用文写作者所应具有的最基本的素质，也是应用文最基本的写作要求。否则，弄虚作假，材料不实，不仅不能解决实际问题，反而会误事、坏事，甚至会损害党政机关的公信力。

4. 针对性

针对性指的是应用文的写作意图清楚，作者和受文对象明确，行文目的指向单纯。

文学文体的作者并不确定，只要有能力，谁都可以写；其受文对象也是全民性的，各个阶层、各个年龄阶段的人都能看；其写作意图并不十分明确，多系作者有感而发，所以同一部作品，不同的读者就会有不同的理解，所谓“一千个人心中有一千个哈姆雷特”，原因就在于此。而应用文体一般来说都有明确的作者和受文对象，如党政公文的作者是法定的作者，党政公文的读者是特定的行文对象。请示是写给上级机关的，批复是写给来请示的下级机关和单位的，等等，因而其受众往往是受限的，这也要求应用文根据不同的文种、不同的受众对象选择不同的写作内容和格式。此外，由于应用文是缘事而作的文体，撰文之前，其意图和目的就非常明确，这是不以作者和受文对象的意志为转移的。

5. 时效性

应用文是为解决当下的具体问题服务的，指向明确，因而有很强的时效性。这种时效性表现为制文需及时，发文需迅速，否则会耽误工作。而一旦工作完毕，问题解决，其实用价值便不复存在。文学作品则不同，它往往是“十年磨一剑”写出来的，而且经典文学作品经得起时间的考验，如中国的“四大名著”、英国的莎士比亚的剧作都能够历经时间的考验而流传下来，成为我们代代相传的精神财富。这是两者之间的又一大不同之处。

(三)应用文的作用

1. 交流沟通信息

应用文在人与人之间、单位之间起着交流沟通、上传下达的不可或缺的作用，为人与人之间、各级企事业单位及政府机关乃至各国之间的交流沟通合作提供了一个很好的平台。因而，应用文在社会活动中有着不可替代的地位。

2. 宣传贯彻政策

在我国，党和国家的大政方针、决策、措施等都是通过各种应用文(尤其是公文、红头文件)层层下达，广泛宣传，进而得到贯彻、落实和实施的。这种情况即使是在电子政务已逐渐推广的今天，依然如此。因为虽然传播的媒介发生了变化，但应用文的拟写及通过应用文来传达上级精神的目的依然没有改变。

3. 指导规范行为

用来制定政策、发布法规、指导工作的应用文，在特定范围内对机关、组织以及个人都起着指导和规范的作用。

4. 记录传承历史

许多记录重要社会信息的应用文，在实现现实效能后，还具有史料价值，成为随时备查的历史档案资料，以供后人借鉴和研究。

(四)应用文的语言

任何文章都需要借助语言才能得以表达，但不同的文体又受制于一定的语体形式，一般来说，文学作品、记叙文运用文艺语体；说明文运用科技语体；议论文运用政论语体；应用文运用事务语体。尽管由于交际语境的纷繁复杂，一定的语体与一定的文体并不完全形成简单的一成不变的对应关系，但是总的来说，应用性的文体对语体的要求更加严格和规范，它所遵循的语言规律和准则形成了这种文体独特的表达方式。具体来说，应用文语言的基本要求为：明确、简洁、平实、得体。

1. 明确

应用文的作用在于解决人们在实际工作和生活中出现的问题，因此，它具有很强的现实针对性，直接作用于人们的实际需要，并且它一经完成并传达，便即时对现实发生作用，即产生现实的约束力，这就要求我们在语言表达中充分遵循明白准确的原则。我们可以从以下两个方面来实现这一要求：

(1)撰写应用文要具备正确的指导思想，准确把握有关的方针政策、法律法规，切实做到文章中的每一个事实、细节和数据都准确无误。比如，在制定《2019 年湖北省普通高校招生主要政策规定》时，湖北省教育厅首先需要参照上级教育管理部门的相关政策，并在此基础上拟定条款，对招生时间、地点和办法做出详细介绍，对包括报名、考试、评卷、录取等各个环节做出明确规定，这其中的每一个款项都要做到科学、认真、细致，只有这样才能避免信息误导，有效地落实政策。

(2)撰写应用文需要仔细辨析词义的性质、范围、程度和表述对象，避免语法、逻辑、文字和标点等的错误，从而做到用词准确，语意完整。在应用文撰写过程中，往往只是一字之差或是一个简单的标点符号的错误使用，就会导致严重的后果。比如，“订金”不同于“定金”，购买汽车和商品房时预付“订金”，不能写成“定金”，否则，如果将来交易不成，“定金”就不能退还。再比如，在某供应合同中，付款条款对付款期的表述是“货到全付款”，而该供应是分批进行的。在合同执行中，供应方认为，合同解释为“货到，全付款”，即只要第一批货到，购买方即“全付款”；而购买方认为，合同解释应为“货到全，付款”，即货全到后，再付款。从字面上看，这两种解释都可以，这就难免双方各持己见，争执不已，终至对簿公堂。可见，应用文的明确性要求也是从每个词语的使用开始的。

2. 简洁

简洁即要求语言要有张力，要以最经济的文字直陈语意，做到“文约而事丰”。应用文要求高效、迅速地传递信息，处理公私事务，因此，它的语言除了准确之外，还应做到简洁畅达，精练明快，使读者能够迅速、正确地获取信息，理解主旨。为此，我们可以从以下几个方面入手：

(1)句式上多使用陈述句和祈使句，以使行文严肃、简约。在说明事务、陈述事实的行文中，我们可以用陈述句来明确主旨；在表达请求、命令、禁止的语气时，我们可以用祈使句来强化主旨。比如，在科研类文书中，有人将多媒体技术解释为："多媒体技术就是把声、图、文、视频等媒体通过计算机集成在一起的技术。"这种运用陈述句下定义的方式，就使我们能够清晰地把握多媒体技术的主要特点。在党政公文类的写作中，祈使句使用频率更高，比如"以上报告，如无不妥，请批转各地区各部门执行""严禁国家工作人员搞权钱交易"等。

(2)句式上常用变式句，如无主句、倒装句等，从而使行文简洁有力。比如在《中共中央关于构建社会主义和谐社会若干重大问题的决定》一文中，对构建社会主义和谐社会提出了六项原则："必须坚持以人为本，始终把最广大人民的根本利益作为党和国家一切工作的出发点和落脚点……必须坚持科学发展，切实抓好发展这个党执政兴国的第一要务……必须坚持改革开放，坚持社会主义市场经济的改革方向，适应社会发展要求……必须坚持民主法治，加强社会主义民主政治建设，发展社会主义民主……必须坚持正确处理改革发展稳定的关系，把改革的力度、发展的速度和社会可承受的程度统一起来……必须坚持在党的领导下全社会共同建设，坚持科学执政、民主执政、依法执政……"这六个"必须"句式都统一采取了无主句的方式，但并不影响整个语意表达的准确性，反而使行文更加庄重严肃。

(3)正确使用简称和缩略语。简称和缩略语是人们在实际工作中经过长期加工提炼，约定俗成的语言。它随现实需要而生，又取得了广泛的社会认同，所以具有简便实用的功用。比如"人大""中共中央""海协会"等简称，以及"三个代表""入世""申奥""三农"等缩略语都经常出现在应用文中，这样也能使应用文简洁明了。

(4)适当使用文言词汇。应用文的应用历史悠久，文言词汇在使用过程中，传承下来一些精练的语汇，比如，"以上意见妥否，请批示""承蒙贵公司大力支持，特表谢意""希予接洽为荷"等句子中的这些语汇，在现代写作中运用起来，既使文章更加庄重大方，又体现了应用文简洁晓畅的特点，因而仍然具有生命力。

(5)广泛使用专业性强的固定语汇。应用文在长期社会实践中逐渐形成了一套比较稳定的专业惯用词语，这些语汇能够将相对模式化的内容表现得更加简明扼要、条理清楚，所以在写作过程中应多加使用。

为方便记忆，特做如下总结：

称谓用语，用来称己方和对方，如本、贵、该等。

领叙用语，用来引出所叙事情的依据，如据、根据、依据、按照、本着(……的原则)、查、鉴于、据悉、为了……特、现……如下等。

补叙用语，如另、再等。

经办用语，用来引出对事情过程的叙述和说明，如经、业经、前经、并经等。

承转用语，用来作为过渡，或对上文进行总结，或对自己的观点进行阐述，如为此、故此、据此、综上所述、总而言之、有鉴于此、由此可见等。

请示用语，用来提出请求或希望，如祈请、拟请、恳请、烦、希、希即、希予、尚祈、务盼、切盼等。

征询用语，用来征询意见或期望对方予以答复，如妥否、当否、能否、是否可行等。

受事用语，为表示感激承受而使用，如蒙、承蒙、荷、是荷(这里表示感谢的意思)、为荷等。

感盼用语，如深表谢意、以……为感(用于平行文)、以……为盼、切盼等。

判断用语，如系、确系、果系、纯系等。

令知用语，如责令、责成、务必、严禁、不得等。

告诫用语，如不得有误、毋违、切切等。

见解用语，如应、理应、确应、应予、应将、应以、均应、本应、准予、特予、不予、同意、不同意、我们认为、以为、可行、宜等。

时态用语，如兹、顷、业经、嗣后、即、即日、不时、届时、值此、逾期、亟待、俟等。

目的用语，如特此、以资鼓励、以利、以便等。

报送用语，如呈请、呈报、呈送、呈上、报送、送达等。

颁行用语，如颁发、公布、下达、批转、转发、执行、遵照执行、认真贯彻执行、参照执行、暂行、试行等。

核查用语，如审核、审定、审议、核发、核销、查询、查收、备查等。

结尾用语(命令)，如此令、毋违、以上命令由……执行、自……起施行、不得有误等。

结尾用语(决定)，如自……起实行、特此决定等。

结尾用语(请示)，如当否、请批复、请批复为盼、请审批等。

结尾用语(报告)，如特此报告、请批示等。

结尾用语(函)，如特此函告、特此函复、此复、请即见复为盼、请示复、……为盼、……为荷、此致、谨致谢忱等。

3. 平实

一般来说，除了演讲稿、广告文案、书信等具有一定个性化特征的文体外，绝大多数应用文都追求平易近人、质朴无华的表达效果，以直接告诉人们做什么、怎么做。为此，我们应注意以下几点：

(1)实事求是，不说空话，不讲大话，不滥用溢美之词。

(2)直陈其意，不绕弯子，不故作艰深，不追求华丽的辞藻和奇巧的形式。

(3)注重论述，不随意使用描写、抒情等表达方式，不滥用夸张、拟人等修辞手法。

4. 得体

得体是指语言得当，恰如其分，即根据不同的内容、不同的目的、不同的对象选择相应的用语。譬如就行文对象而言，上行文的用词要谦和而不阿谀奉承，常用“请”“恳请”“拟请”“特请”等词，结尾收束常用“当否，请指示”“如无不当，请批转”“如无不妥，请批准”“特此报告”“以上报告，请审核”等；下行文的用词要郑重严肃，要关爱下级而不简单粗暴，常用“希”“望”“尚望”“请”“希予”等词，结尾收束常用“为要”“为宜”“为妥”“希遵照执行”“特此通知”“此复”“现予公布”等词；平行文的用词要以诚相见，相互尊重，常用“请”“拟请”“特请”“务请”“如蒙”等词，而表示结尾收束常用“此致敬礼”“为盼”“为荷”“特此函达”“特此证明”“尚望函复”等词语。

就不同的文种而言，语言的使用也有相应的讲究。公告、通告的语言要深入浅出；商业广告的语言则要生动活泼，灵活多变；报喜、祝捷、祝贺、感谢信、慰问信等事务和日常文书使用的语言应当热烈、欢快、真挚……因此，运用语言要因体而异，合理选择，做到恰当得体。

(五)学习应用文的意义和方法

1. 学习应用文的重要性

教育家叶圣陶说过：“大学毕业生不一定会写小说诗歌，但是一定要写工作和生活中实用的文章，而且非写得既通顺又扎实不可。”美国未来学家约翰·奈斯比特在《大趋势——改变我们生活的十个新方向》一文中也曾经有过这样的论述：“在这个文字密集的社会里，我们比以往任何时候都更需要具备最基本的读写技能。首先就是足以应付日常工作和生活所需的写作能力，也就是应用写作能力。”

随着社会的进步和信息技术的发展，人们的日常联系日趋密切，应用文书的使用也越来越广泛。在大学学习时，我们需要制订学习计划，撰写学习总结、实验报告和请假条等，临近毕业时，我们需要撰写求职信、个人简历等；将来在单位工作时，我们需要撰写通知、请示，制定规章制度，写作市场预测报告、调查报告、新闻稿等。通过调查我们发现，虽然大多数人对应用文书有所认识，但了解、掌握的程度并不理想，例如大学毕业生不会写个人简历、求职信，参加公务员考试的考生不熟悉国家机关公文的基本格式等，这样的例子在我们身边并不鲜见。

应用文体的写作有其自身的表达方式和文体格式规范。应用文写作作为一门综合性很强的基础课程，介绍应用文体的主要文种及格式规范，讲授基本的写作方法和技巧，并结合例文加以评析，以达到提高学习者写作应用文书的能力的目的。对于当代大学生来说，这是一种非常重要而且十分必要的学习和训练。

2. 学习应用文的方法

(1)要端正认识，树立正确的学习态度。

在很多职业院校的学生中，好多人认为应用文写作是“小儿科”“雕虫小技”，不像写文学作品、记叙文和议论文那样容易出名；还有人认为应用文文种多而杂，格式上生硬无变化，既难写又枯燥乏味，不像写文学作品、记叙文那样可以创造，可以虚构。这两种看法对学好应用文写作是极为不利的，必须纠正。应用文写作不是“小儿科”和“雕虫小技”，文体之间绝无高下尊卑之分，而是各负使命。不管是应用文还是文学作品及其他，只要写得好，都是有意义、有价值的。写应用文确实有一定的难度，但应用文规范化的格式从某种意义上说更便于初学者模仿借鉴，更便于掌握写作的基本规律。因此，写应用文比写其他体裁的文章入门快，进步更明显。只要方法得当，反复训练是完全可以写好应用文的。

(2)熟悉方针政策。

应用文写作是为现实生活和各项工作服务的，不了解有关的方针政策，不熟悉有关的法律规定，就不可能写好应用文书。只有努力学习、积极钻研党和国家的方针政策，不断提高写作水平，才能以正确的立场、观点、方法分析问题并解决问题，推动各项工作的顺利进行。

(3)要勤于学习，扩大信息贮存量。

写作的过程是作者处理信息的过程。其过程是：信息输入——信息加工——信息输出。

输入、贮存的信息量，是文书写作的前提。输入、贮存的信息量越大，加工信息、制作文书就越容易。写作信息包括自然信息、社会信息和语言信息。撰写应用文书的作者，应从实际出发，尽可能多贮存信息。撰写自然科学的文书，贮存的自然信息量越大，就越容易正确认识并表述自然规律；撰写社会生活的文书，就要多方面贮存社会生活的信息，如写经济类文书，就要贮存丰富的经济管理信息。涉及现代经济管理内容的写作，离开了对信息源的开发、利用，是寸步难行的。语言信息也非常重要，如果词汇贫乏，找不到充分表情达意的语言，文书也不可能写好。收集、贮存信息的途径很多，但最重要的有两条：一是深入实际，调查研究；二是阅读报刊图书，间接取得并储存信息。

(4)注重应用文写作的基本功训练。

写作是一项综合性、实践性很强的劳动，一般人没有一定的写作基本功是难以胜任的。搜集材料、提炼观点、选取材料、安排结构、锤炼语言、起草修改以及根据目的内容采取叙述、议论、说明等方法，都是应用写作的基本功。只有掌握了这些基本功，才有撰写文书的基础。练好这些基本功要靠长期训练。一是认真学习、了解教材中介绍的各类应用文的基础知识，熟悉和掌握它们的格式和写作方法。二是学习、借鉴他人的写法，在此基础上进行拟写。三是要结合实际进行实践训练。比如，既可结合班级、学校开展的各项活动和个人生活与学习的实际需要，也可利用社会实践活动等途径，进行有针对性的写作训练。四是要勤于修改。好文章是改出来的，即使是较简短的应用文也要修改，决不能马虎。重要的或篇幅较长的应用文应反复、全方位地修改，包括主题的确定、材料的选用、结构的安排、语言的表述、文种的选用及格式等方面的审核。最后还有一点是非常重要的，在科技迅速发展的今天，计算机已进入办公室和家庭，运用计算机写作，也逐步变成不可缺少的一种能力，同学们应时常进行应用文写作的上机操作训练，以适应时代的要求。

总之，只要我们从思想上深刻认识学习应用文的重要性，从行动上不断提高自身各方面的素养，注意积累，加强练习，就一定能写出符合需要的高质量的应用文来。

☞ 思考

怎样培养对应用文写作课程的兴趣？

☞ 知识链接

应用文撰写规范举例：

(一)阿拉伯数字的使用规范

一般来讲，凡是可以使用阿拉伯数字而且又很得体的地方，特别是当所表示的数字比较精确时，均应用阿拉伯数字。遇特殊情况，可以灵活变通，但全篇体例应相对统一。以下情况应当使用阿拉伯数字：

(1)统计表中的数值，如正负整数、小数、百分比、分数、比例等，必须使用阿拉伯数字。如28、0.5、20%、3/5、5∶8等。

(2)公历世纪、年代、年、月、日、时、分、秒等表时间的数字，必须使用阿拉伯数字。如公元前10世纪、20世纪90年代、2016年10月12日14时28分等。

(3)表示长度、质量、时间、电流、热力学温度、物质的量等的物理量值，必须使用阿拉伯数字。如10千米、500克、37℃等。

(4)日常生活中使用的一般量值，通常情况下应当使用阿拉伯数字。

(5)代码、代号和序号、番号以及文件编号、证件号码和其他序号，必须使用阿拉伯数字。如中发〔2016〕1号等。

(二)汉字数字的使用规范

汉字数字在应用文写作中也有严格的规定：

(1)定型的词、词组、成语、惯用语、缩略语或具有修辞色彩的词语作为语素的数字必须使用汉字数字。如四书五经、四通八达、五四运动、第一学年等。

(2)中国干支纪年，夏历月日必须使用汉字数字。如甲子年三月、八月十五中秋节等。

(3)星期几必须采用汉字数字，比如星期一。

(4)相邻的两个数并列连用表示概数，必须使用汉字数字，并且连用的两个数字之间不得用顿号隔开，比如一两个小时、三四次、四十五六岁。

(三)标点符号的规范使用

公文中标点符号的使用应严格按照国家技术监督局颁布的《标点符号用法》规定执行。

(1)文件中独立成行的小标题末尾一般不用句号。

(2)完整引文的句号应该标在双引号内侧(“……。”)，部分引文的句号应该标在双引号外侧(“……”。)。

(3)数字和拉丁字母作序号时，后面标点符号应使用实心圆点“.”。

1.　2.　3.(规范)

1、　2、　3、(不规范)

加了括号的序号，不再加标点符号。

(一)　(二)　(三)(规范)

(一)、(二)、(三)、(不规范)

职场模块

项目二　条　据

☞ 学习目标

◆ 掌握条据的基本格式。
◆ 掌握条据的主要内容及写作重点。
◆ 培养学生的规范意识和基本的法律意识。
◆ 精讲多练，培养学生自主学习能力。
◆ 培养综合素质，写作能力与口头汇报能力相结合。

一、情境导入

在生活中，人们可能会遭遇某些情况，需要向亲朋好友借钱或者借物。对方会让我们写一份借条来作为归还钱财或物品的凭证。写借条原本是一件普通而常见的事情，可是由于很多人在书写过程中不注意借条的写作规范，尤其是关于钱财方面借条的规范，而导致在还钱的过程中产生纠纷，导致朋友失和甚至反目。而这些纠纷的产生多数是因为写借条的一方在书写过程中忽略了一些重要的注意事项。

例如：

借　条

今借好友李×人民币 10000 元整，用于买房所用，承诺其自借款之日起半年内归还。

特立此据。

借款人：王×(手印)

二〇一九年五月五日

从这份借条我们能看出借款人把借钱的金额、用途、还款时间都做了具体说明，但是还存在不少不规范的地方，比如：借款金额未用汉字大写、借款利息未约定等。这些细节问题都会为今后还钱埋下隐患，一份小小的条据也有很多需要注意的事项和规范的写法。

二、知识梳理

(一) 概念

条据是人们在日常工作、学习、生活中，彼此之间为处理财物或事务往来，写给对方的作为某种凭证或有所说明的字条。

它是人们在日常工作或生活中经常使用的一种应用文体。凭证类条据的作用是作为证据、凭证，具有法律效力，如收条、领条、借条、欠条。说明类条据的作用主要是告知对方某个信息，向对方说明某件事情。这类条据只起到说明告知的作用，不具有法律效力，如留言条、便条、请假条。

(二)特点

(1)使用便捷。

(2)文字简明、清晰明了、记事扼要、形式多样、不受时间地点限制。

(三)格式

1. 凭证类条据的结构

凭证类条据的结构包括标题、正文、署名、日期四部分。

标题是用来标明条据性质的。如借条、欠条、收条、领条、发条等，写在第一行正中间，字体要求大些，黑体，以表醒目。

正文开头多用“今借到”“今收到”“今欠到”“今领到”等字样开头，用来说明条据性质。然后写明条据内容，即写对方(个人或单位)的名字、名称。如借到××单位或××人多少钱多少物，什么时间归还和处理等。有时还要写出条据的用途。正文写完后，空两格另起一行，写上“此据”。

落款。包括署名和日期。署名，在条据正文结束后，另起一行的右下方，要写经手人姓名，并加盖公章(私章)。

日期，在签名的右下方写上经办的日期。

2. 说明类条据的结构

说明类条据一般包括标题、称谓、正文、落款(署名和日期)几部分。

标题用来标明条据的性质。如留言条、请假条等。

称谓即此条留给谁，如向谁请假。

便条正文要求将需要对方办的事情说清楚即可。留言条的正文不仅要把自己要向对方说的话、要请对方办的事阐明，如需另约见面，还要在留言条上写好另约的时间、地点，让对方安排好时间。请假条要写清楚请假的原因、理由，请假的起止时间。无论哪一种说明类条据的结尾都要写上敬语。“此致敬礼”，或“请在家等候”“请批准”“请批准为盼”等。

落款。包括署名和日期。

署名。表明此据是谁写的。署名在格式上应写在正文的右下方。

日期。写此据的具体时间，应放在署名右下方。

三、范文评析

【例文一】

借　条

今借到财务处人民币壹仟零伍拾圆整，用于购买教学用书，5天内归还。

此据。

借款人：××（本人签字）

二〇一九年五月五日

评析：借条是借到个人或单位的财物时写给对方的条据，这张借条交代了所借的币种是人民币、数量、用途，还写清了归还的时间。内容具体，言简意赅。

【例文二】

收　条

今收到机电系学生抗震救灾捐款捌仟陆佰玖拾贰圆整。

此据。

经手人：××（本人签字）

公章

二〇一九年三月二日

评析：收条是在收到别人或单位的财物时写给对方的条据，这张收条说明了是哪个部门、什么款项、数量多少，语言表达清晰明了。

【例文三】

欠　条

今购买××电子商城联想电脑需支付柒仟捌佰圆整，现已支付捌佰圆整，还欠柒仟圆整，十天内一次还清。

此据。

欠款人：××（本人签字）

二〇一九年六月二日

评析：欠条是借了个人或单位的钱物，还了一部分，还有一部分拖欠，在收到别人或单位的钱款、财物时写给对方的条据，这张欠条说明了是哪个部门、什么款项、数量多少，语言表达清晰明了。

【例文四】

领　条

今领到教材库《电子技术与运用》教材陆拾本、练习册壹佰贰拾本。用于电子系2019级电子专业课堂教学训练。

此据

经手人：××(本人签字)

二〇一九年八月三十日

评析：领条是个人、团体或机关在领取钱物时，写给负责发放人留存的条据，这张领条说明了所领之物是教材、练习册，还说明了数量、用途。说明具体，简洁明了。

【例文五】

便　条

李××同学：

我急需一本《汉英词典》，请你代我在图书馆借一本，并让王斌带回。

谢谢你！

你的好友：××

二〇一九年九月十二日

评析：便条是在向对方表示一定的意思，或是需要对方做什么事情时所写的简单书信。这张便条，简明扼要地交代了写给谁、什么事、谁写的、何时写的，让人一看就明白。

【例文六】

请 假 条

关老师：

我因夜里感冒发烧，现要到医院打针，今天不能去上您的课，现需请假两天(6月5—6日)，6月6日上午上课前返校，恳请批准。

学生：××

二〇一九年六月五日

评析：请假条是因有事或有病不能按时上班或上课，或者不能出席会议，写给单位负责人或学校老师的条据，这张请假条把请假的原因、请假的时间、返校的时间都写得清清楚楚，理由充足，易于被老师批准，正文的结尾还用了礼貌用语，表达了对老师的敬重。

四、注意事项

(1)写借条的时候必须由借款人或借物人当面书写，字间不留空当，防止他人添改。

(2)注意字迹清晰工整，不使用易褪色文具，涂改无效，谨慎书写。

(3)借条的标题具有法律效力，不可缺少。

(4)在借条中涉及姓名的时候必须书写准确，必要时写上身份证号码防止同名。

(5)不管是借钱还是借物，在数量的后面一定要加一个整字，目的是防止他人添加、涂改。

(6)借条中归还时间应约定好并写准确截止时间，建议写具体日期并规范书写日期。

(7)如果双方约定了利息的话一定要合法，超过银行同类贷款利率四倍的利息是不受法律保护的。

(8)借条正文的最后一定要写“此据”一词表明该借条已写完，可有效防止他人添加正文内容，不要遗漏。借条写完后一定要仔细检查，保障自己的权益，避免纠纷。

五、写作实训

(一)文种评析

指出下面文章的不足，并加以改正。

借　　条

今借到文××800 元，此据。

借款人：李××

收　　条

今收到人民币叁佰圆整，此据。

二〇一九年三月二日

欠　　条

原借王××陆佰元，现在还欠 200 元未还，此据。

张××

领　　条

今领到计算器一个，此据。

领用人：王××
二〇一九年四月三十日

(二)写作实训

你所在的班级进行体育训练，老师请你去体育器材室领三个铅球、十根跳绳，体育器材室保管员要你写张条据。请根据情况拟写一份条据。

☞ **知识链接**

欠条和借条的性质是不一样的，它们形成的原因不同，借款主要是因借贷而产生，欠款则可能是因为买卖、租赁、利息等原因产生。借款如果没有约定还款日期，那么债权人可以在任何时间索要，时效从债务人拒绝还款时起算，最长时效不得超过三年，如果约定了还款期限，则时效从还款期满时起算。欠条如果没有约定还款期限，则诉讼时效从欠款形成之日起算，约定还款期的从还款期满时起算。也就是说，约定了还款期的借条和欠条，时效是一样的，没有约定还款期的借条和欠条，则是有区别的。

项目三　竞聘词

☞ 学习目标

◆ 掌握竞聘词的主要内容及写作重点。
◆ 培养学生的表达能力和锻炼表达的层次性、逻辑性。
◆ 培养学生自信心。

一、情境导入

“如果我竞聘成为院长助理，我首先要提高课堂学习氛围，倡导同学们不在课上玩手机。”2018 年 11 月 24 日，在××职业技术学院举行的院长助理竞聘大会上，站在台上竞聘的不是教工，而是 12 位“90 后”学生，其中既有优秀的班级学生干部，也有专业成绩过硬的同学。此次学生竞聘的选拔流程与学校选聘中层干部的流程完全一致，经过自愿报名、资格审查和笔试，在最终考核环节，学校将考核竞聘者的团队组织能力、专业技能、动手能力和对时事政治、学校规章制度以及职业教育发展趋势的了解情况。

××职业技术学院院长张××表示，经常有企业反馈，技能人才应聘时“敏于行”却“讷于言”，羞于推销自己。为此，该校通过选聘学生院长助理等举措，激发学生自主提升综合素质的积极性。

二、知识梳理

(一) 竞聘词的概念

竞聘词是指参加竞聘者为了实现竞争上岗，就自我竞聘条件、未来的施政目标和构想所发表的公开演讲。

(二) 竞聘词的特点

(1) 目标的明确性。在竞聘演讲时，竞聘者向评审人员及听众讲清自己的应聘条件、自己的优势，以及将来如何完成应承担的职务和工作，即总体内容应始终围绕岗位职务工作进行，做到目标明确，不可开口千言，离题万里。

(2) 内容的竞争性。竞聘除了必须达到基本素质条件，更重要的是目标与措施的竞争。只有具备了明确、先进的目标，且有切实可行的措施来保证，才会取得竞争的成功。

(3) 措施的条理性。为了把措施讲得有条理，可用列条的方法，如用“第一点”“第二点”或“其一”“其二”等表示。除此之外，在每一“步”之间要用“过渡语”来承上启下。如，自我介绍之后，可以用“我之所以敢于来竞聘，是因为我具备以下条件”来引出下文；讲完条件后，可以再搭一个“桥”：“以上我讲了应聘的条件，那么，假如我竞聘上了××岗位，会采取什么措施呢？下面就谈谈我的初步设想。”这样不仅条理清楚，而且使演讲上下贯通，浑然一体。

（三）竞聘词的格式要求

1. 标题

竞聘词的标题有三种写法。一种是文种标题法，即只标“竞聘词”；一种是公文标题法，由竞聘人和文种构成或竞聘职务和文种构成，如《关于竞聘××公司经理的演讲》；还有一种是文章标题法，可用单行标题拟制，也可采用正副标题形式，如《让收音机制造厂腾飞起来——关于竞聘××收音机制造厂厂长的演讲》。

2. 称谓

称谓即对评委或听众的称呼。一般用“各位评委”“各位听众”即可。

3. 正文

(1)开头。为制造友善、和谐的气氛，开篇应以“感谢给我这样的机会让我参加竞聘”“请评委及与会同志指教”等礼节性致谢词导入正题。紧接着阐明自己发表竞聘演讲的理由。开头应写得自然真切，干净利落。

(2)主体。首先，介绍个人简历，可分两个层次：第一层简明介绍竞聘者的基本情况；第二层是对自己与竞聘岗位有联系的工作经历、资历作出系统、翔实的说明，便于评审者比较与选择。

其次，摆出竞聘条件。竞聘条件包括政治素质、政策水平、治理能力、业务能力以及才、学、胆、识各方面的条件。可以结合自己前一时期的工作来写，如自己曾做过什么工作，效果如何，从中展露出自己的水平、能力、知识和才华。

最后，提出目标、构想、方案。这部分是竞聘者假设自己被聘任后，对应聘岗位所提出的目标及实现的具体措施。措施必须针对目标来制定，要明确具体、可操作性强，且密切联系岗位实际，从岗位工作出发。

(3)结尾。写出自己竞聘的决心和信心，请求有关部门和代表考虑自己的愿望和请求。

三、范文评析

【例文】

竞 聘 词

尊敬的各位领导、老师：

大家好！

我叫李×，2004年毕业于吉林传播学院播音与主持艺术专业。我的特长是新闻播音、主持、演讲。我应聘的岗位是主持人或编导。

在过去的一年里，上半年，我曾在商报文体中心、人民广播电台经济生活频道实习，并很荣幸作为特约主持人主持了广播经济生活频道与市人民广播电台经济文艺台联合直播的《大拜年——齐鲁一家亲》春节特别节目；下半年，在电视台节目中心《大旅游》栏目任策划与撰稿。

我的名字是李×。中国有句成语，叫“以身相许”，那么，今天，我——李×，愿把我的身心，我的全部青春与智慧，奉献给为商海服务的电视台商务频道，奋力为经济改革大潮推波助澜！

记得作家柳青说过这样一句话——“人生的道路虽然漫长，但紧要处往往只有几步，特别是当人年轻的时候”。今天，在我人生的紧要处，还望在座的各位领导、老师，给我一个“以身相许”的机会！谢谢！

评析：这是一篇简洁而有独特个性的竞聘词，简单陈述了自己曾经主持过的两档节目，并没有过多地吹嘘自己的工作业绩，非常得体；后半部分主要用成语“以身相许”表达自己渴望加入该频道的诚意，把选择权交给了在座的评委，非常巧妙，同时也给评委留下深刻印象。

四、注意事项

竞聘词的写作质量不仅取决于竞聘者的文字水平，也是其综合素养、业务能力等多方面的综合反映。因此，除了观点鲜明、内容充实、语言通顺外，还要注重以下问题：

(1)实事求是，明确具体。竞聘者应实事求是，言行一致。每介绍一段经历、一项业绩都必须客观实在，如给单位创造了什么效益等，一定要讲清楚，不能吞吐，模棱两可。要言而有据，不说过头话。

(2)调查研究，有的放矢。竞聘演讲是针对某岗位而展开的，因此，写作前必须了解招聘单位情况，以便在演讲时有的放矢，战胜对手。

(3)谦虚诚恳，平和礼貌。竞聘者是通过答辩实现被聘用目的的，只有给人以谦虚诚恳、平和礼貌的感觉，才能被认可和接受。所以，竞聘词十分讲究语言的分寸，表述既要生动、有风采、打动人心，同时又要谦诚可信、情感真挚。

五、写作实训

(一)文种评析

当竞聘演讲结束时，一般都要礼貌地说声“谢谢”。但“谢”字也有会说与不会说之分。会说的，不仅可以体现自己礼貌待人的文明素质，还可成为联结人们心灵的虹桥。

请看下列三段结尾，分析这三种结尾的优劣。

(1)“我的演讲完了，谢谢。”

(2)“最后，让我再次感谢领导给我这个难得的竞聘机会，感谢各位评委和在座的所有听众对我的支持和鼓励。”

(3)“今天天气这么冷大家还都来捧场，这使我非常感动。无论我竞聘是否成功，我都要向各位领导、评委和在座的朋友们表示深深的谢意！”(说完给大家深深地鞠了一躬。)

(二)写作实训

假设你们学校将进行学生会改选，请你作为候选人之一发表你的竞聘演讲。根据个人意愿，拟写一则竞聘辞。

(三)情景模拟

模拟竞聘：竞选学生会主席(或其他学生干部)

具体步骤：将教学班级分成若干组，每组推选一名组员代表作为竞选学生会主席或其他学生干部的候选人；再从各班推选出主持人1人、评委6人(也可从每小组推选人选担当评委)。候选者抽签上台发表竞选演讲；评委打分(要求记录下粗略意见)；评委合议；评委代表宣布竞选结果，并对候选人的表现进行点评；最后教师点评。

(四)拓展训练

下面是面试时可能会涉及的提问，你觉得怎么回答才算得体，请尝试回答。

1. 请你作一下自我介绍。
2. 你觉得你个性上最大的优点是什么？
3. 说说你最大的缺点。
4. 你对加班的看法？
5. 你对薪资的要求？
6. 如果通过这次面试我们单位录用了你，但工作一段时间却发现你根本不适合这个职位，你怎么办？
7. 在完成某项工作时，你认为领导要求的方式不是最好的，自己还有更好的方法，你应该怎么做？
8. 如果你的工作出现失误，给本公司造成经济损失，你认为该怎么办？
9. 如果你在这次考试中没有被录用，你如何打算？
10. 如果你做的一项工作受到上级领导的表扬，但你的主管领导却说是他做的，你该怎样？
11. 你怎么理解你应聘的职位？
12. 喜欢这份工作的哪一点？
13. 就你申请的这个职位，你认为你还欠缺什么？

☞ 知识链接

演讲的技巧和注意事项：

(一)演讲时的姿势

演讲时的姿势(posture)也会带给听众某种印象，例如堂堂正正的印象或者畏畏缩缩的印象。演讲的姿势，要让身体放松，反过来说就是不要过度紧张。过度紧张不但会表现出笨拙僵硬的姿势，而且对于舌头的动作也会造成不良的影响。

诀窍之一是张开双脚与肩同宽，挺稳整个身躯。另一个诀窍是想办法扩散并减轻施加在身体上的紧张情绪。例如将一只手稍微插入口袋中，或者手触桌边、手握麦克风，等等。

(二)演讲时的视线

在大众面前说话，即必须忍受众目睽睽的压力。克服这股视线压力的秘诀，就是一面进行演讲，一面从听众当中找寻对于自己投以善意而温柔眼光的人，并且无视那些冷淡的眼光。此外，把自己的视线投向强烈“点头”以示首肯的人，对巩固信心来进行演说也具有效果。

(三)演讲时的脸部表情

演讲时的脸部表情无论好坏都会带给听众极其深刻的印象。紧张、疲劳、喜悦、焦虑等情绪无不清楚地表露在脸上，这是很难借由本人的意志来加以控制的。演讲的内容即使再精彩，如果表情总觉缺乏自信，老是畏畏缩缩，演讲就很容易变得欠缺说服力。

控制脸部的方法，首先“不可垂头”。人一旦“垂头”就会给人“丧气”之感，而且若视线不能与听众接触，就难以吸引听众的注意。另一个方法是“缓慢说话”。说话速度一旦缓慢，情绪即可稳定，脸部表情也得以放松，再者，全身上下也能够泰然自若起来。

(四)演讲时的服饰和发型

服装也会带给观众各种印象，尤其是东方男性总是喜欢穿着灰色或者蓝色系列的服装，难免给人过于刻板无趣的印象。轻松的场合不妨穿着稍微花哨一点的服装，不过如果是正式的场合，一般来说仍以深色西服、男士无尾晚宴服或燕尾服为宜。其次，发型也可塑造出各种形象来。

(五)演讲的声音和腔调

演讲的语言从口语表述角度看，必须做到发音正确、清晰、优美，词句流利、准确、易懂，语调贴切、自然、动情。

(六)说话的速度

为了营造沉着的气氛，说话稍微慢点是很重要的。标准大致为5分钟三张左右的A4原稿，不过，要注意的是，倘若从头至尾一直以相同的速度来进行，听众会睡着的。

科学的发音取决于科学的运气，有些演讲者时间稍长点就底气不足，出现口干舌燥、声音嘶哑的现象，此时，只得把气量集中到喉头，使声带受压，变成喉音。

科学地运用运气发音方法可以使声音更加甜美、清亮、持久、有力。要达到这个目的，平时要加强训练，掌握胸腹联合呼吸法。其要领是：双目平视，全身放松，喉松鼻通，无论是站姿还是坐式，胸部稍向前倾，小腹自然内收。

吸气方法是：扩展两肋，向上向外提起，感到腰带渐紧，后腰有撑开感。横膈膜下压腹部扩大胸腔体积，小腹内收，气贯“丹田”。用鼻吸气，做到快、缓、稳。

呼气方法是：控制两肋，使腹部有一种压力，将气均匀地往外吐，呼气时用嘴，做到匀、缓、稳。

项目四　求职信

☞ **学习目标**

◆ 了解求职信的用途、特点和内容要素。
◆ 掌握求职信的写作步骤和格式要求。
◆ 会针对自身特点和岗位写作求职信。
◆ 培养学生的职业意识。
◆ 培养综合素质，写作能力与实践能力相结合。

一、情境导入

丁××是一名即将毕业的××职业院校工程造价专业的学生，为了能找到一份自己满意的工作，他上网登录了许多求职网站。网上的招聘信息很丰富，可以按地区或者岗位查询，非常方便。抱着多多益善的想法，面对自己心仪的企业，丁××在投递求职信和简历时从总经理助理到业务员一个不落地都发送了，他觉得这样可以增加成功的概率。如果遇到特别中意的公司，在第一次发出简历和求职信没有面试消息后，他会将求职材料重复发送一遍。转眼间，一个多月过去了，丁××还是没有收到任何回复，他投递的所有资料如石沉大海。

求职材料应该有针对性地制作，许多求职者都没有弄清楚自己的求职岗位和招聘条件就频频向招聘单位发送求职材料，肯定会在第一时间被招聘企业所淘汰。用这种“广撒网”的方式发送求职材料，会让人力资源经理认为求职者缺乏求职意向，没有明确自己的职业定位，不具备相关职业素养。

在知名企业，特别是外企或500强企业的求职过程当中，一封出色的求职信是必不可少的。而撰写一封得体的求职信可能是你在准备应聘的过程中遇到的最棘手的问题。在求职的过程中，只有能体现个人才智的求职信，才能帮助你顺利地得到面试机会，谋求一份理想的工作。

二、知识梳理

(一)求职信的概念

求职信是求职者向招聘者或招聘单位自荐谋求职位所提交的书信。它包括自荐信和应聘信。自荐信是向用人单位自荐谋求职位的信；应聘信是指求职者根据用人单位的招聘条件，写信去应聘。一封得体的求职信有助于求职者得到一份理想的工作。

（二）求职信的特点

1. 自荐性

要恰如其分地展现求职者的成绩、特长、优势，尤其可充分利用求职者的个性、闪光点来吸引招聘单位。

2. 针对性

针对用人单位对职业或岗位的要求；针对个人的特点、求职目标；针对招聘者的心理。

3. 求实性

求职信要实事求是，不能夸大、缩小或造假。

4. 独特性

求职信的内容不同于一般书信，它是全面表现求职者的思想水平和表达能力的重要方式。求职者要想在竞争求职的过程中出奇制胜，应利用求职信表现出的创造性和独特性来引起用人单位的注意。

（三）求职信的格式

求职信属于书信范畴，与书信的写作格式基本一致。求职信的写作格式一般包括七个部分，即标题、称呼、问候语、正文、结尾、落款、附件。

1. 标题

标题通常由文种名称“求职信”组成，可写成“求职书”“自荐信”“应聘信”等，首行正中，字迹要端正、醒目。

2. 称呼

顶格写称呼，在称呼后加冒号。称呼比一般书信要正规，应视具体情况而定，一般可写求职单位名称或单位的领导、负责人、联系人的姓名和称呼，也可直接称呼其职务，比如“××公司”“××经理”“尊敬的××局局长”“××先生（女士）”等。通常写给国有企事业单位时，称呼单位名称或单位的人事部，也可用“尊敬的××司长（处长）”等称呼；写给民营、私营或合资、独资企业时，称呼一般写公司老板或人事部负责人姓名，比如“尊敬的××董事长（或总经理）先生”“尊敬的××厂长（或处长）”。注意不要使用“××老前辈”“××师兄（傅）”等不正规的称呼。

3. 问候语

问候语写在称呼下一行，空两格，一般写上“您好”“近好”加感叹号，是对收信人的礼貌。如果收信者为单位，可省略问候语。

4. 正文

可另起一行，空两格写正文内容，正文是求职信的主体和重点，形式多种多样，但内容都要求说明求职信息的来源、应聘职位、个人基本情况、工作成绩等事项。它一般包括以下几个部分。

（1）说明写信的原因。写明求职信息的来源与求职的动机、原因、目的。表明谋职要求——所要申请的职位，希望得到何种工作岗位和职务，胜任何种工作岗位和职务等。开头通常要说清写信的由来，如果是有明确目标的求职信，可先谈谈招聘信息来源渠道，比如招聘广告的出处或者其他第三方媒介的介绍，可以开门见山地写“本人十分仰慕贵公司，近日在××网站上看到贵公司要招聘×××一名，激发起我到贵公司求职的渴望”。

如果你的目标公司并没有公开招聘人才，你可以写一封自荐信去投石问路，如“久闻贵公司实力不凡，据悉贵公司欲开拓国外市场……故冒昧写信自荐，热切希望加盟贵公司。我的基本情况如下……”。

(2)陈述个人的基本情况。简明扼要地介绍本人的基本情况：姓名、性别、年龄、籍贯、健康状况、学校、学历、学位、职称、学习及工作经历等，与目标职位有关的范围内的个人爱好、特长。毕业生还可概括地介绍与招聘单位对口或接近的专业课成绩、与求职岗位相关的社会实践和成绩等情况，还可包括实习经历、兼职经历等，给用人单位一个初步的印象。

(3)说明能胜任所应聘岗位工作的各种知识和技能。目的就是要明确表明自己具有本岗位所需的专业知识、工作经验、工作能力、业务专长技能和成就，要突出具有与本职位工作要求相关的特长、兴趣、性格和能力。这是求职信的核心部分，应做到不落俗套，以达到吸引和打动对方的目的。对想应聘的职位，如果在竞争中处于劣势或者自身存在不足，要巧妙地化劣势为优势。

(4)介绍自己的潜力。主要是针对用人单位的招聘信息和要求，具体地将自己潜在的能力和优点全部呈现出来。比如，介绍自己曾经做过的各种工作及所取得的经验和成绩，展示你所具备的发展潜力，使用人单位认为你是最佳人选。

(5)结束语。另起一行，表达写信人希望被录用的愿望以及受聘后的承诺。可表明求职者对本工作的热爱和迫切的态度，再谈谈如果被录用，你有何想法、打算或计划，以增强用人单位录用你的意愿。

5. 结尾

向对方单位表示祝福及其他。

一是提出希望和要求，再次强调自己的求职愿望，恳请对方给予答复，并希望能够得到参加面试的机会，比如“如蒙赐复，不胜感激!”“若认为本人条件尚可，请惠予面试，本人将准时赴试”等。

二是表示敬意、祝福之类的简短词句，如“深表谢意”“顺祝愉快安康”“祝贵公司兴旺发达”“祝贵公司财源广进”“愿贵公司鹏程万里，事业发达”等，也可以用“此致”之类的通用词，即另起一行空两格写“此致”，再另起一行顶格写“敬礼”。

三是认真写明自己的详细通信地址、邮政编码、联系电话、电子邮箱或QQ等联系方式，如在简历里已注明的，可以省略不写。如果需他人转告，则要注明联系人的姓名、联系方式以及与你的关系，以便于用人单位与之联系。

6. 落款

在正文的右下方署上求职者的姓名及成文的日期。

署名：应注意与信首的“称呼”相一致，可以用“敬上”或“谨呈”等词以示礼貌和谦逊。如用打印机打出，最好在求职人姓名处使用亲笔签名。

日期：一般写在署名下方，应用阿拉伯数字写上成文的年、月、日。

7. 附件

具体参考“求职简历”中“证明材料”部分，该部分可在求职简历或者求职信中罗列。

三、范文评析

【例文一】

求职信

××汽车贸易公司经理：

您好！

我是×××职业技术学院的一名即将毕业的学生，想在贵公司找一份关于汽车贸易方面的工作。

我在大学期间所学的专业是汽车贸易，目前已经出色完成了大学期间的全部学业。我的每门课程成绩均在88分以上，附上一份个人简历和大学期间的成绩单一览表，请您参详。从我的简历中您可以看到，由于表现良好，我在大学期间曾多次受到学校的表彰。除此之外，我在大学期间还经常跟老师一起从事关于汽车贸易的技术服务项目，我撰写的一篇专业论文《×××××××》曾有幸在《××××》期刊上发表，并荣获了2017年度×××省优秀大学生科研成果一等奖。为适应社会发展需要，我还利用业余时间学习电脑知识，能熟练操作和使用最新的办公软件。

2018年年初，我很荣幸地在贵公司实习了两个月。实习期间，我深感贵公司领导对于人才的重视。贵公司办事效率很高，员工内部之间的团结协作和不怕吃苦、甘于奉献的敬业精神深深感动着我。我甚至想象过如果能在这样的公司工作，成为其中的一员并跟这样的同事共事该是多么自豪的一件事。

当然我也明白想进条件如此优越的公司工作，并非易事。但我对自己有信心，我坚信能通过自己的能力和优秀表现让贵公司接纳我。在大学期间，我已熟练掌握了本专业的基础理论知识和操作技能。我在大学期间通过了汽车贸易专业国家中级考试，还拿到了汽车修理技术××省中级证书，我的英语也过了四级。我在贵公司实习期间发挥自己的专业特长，因良好表现获得了贵公司和所在部门同事的一致好评。

最后，我诚恳希望贵公司能给我一个为贵公司效力的机会，衷心希望能得到您的答复。

此致

敬礼

附件(省略)

联系地址(省略)

联系电话(省略)

求职人：×××敬上

2019年9月11日

评析：这份求职信开门见山地提出求职岗位，让人对其求职目的一目了然。作者比较客观地介绍自己的经历，写出自己最好的成绩和关键的经历、重要的技能及自己的愿望，最大限度地展示自身的亮点，没有夸夸其谈的言语，没有自我吹嘘的感觉。行文简明扼要、言语得体礼貌，有说服力。

【例文二】

求 职 信

尊敬的领导：

您好！我叫刘××，是××职业技术学院会计电算化专业的一名应届毕业生。近日，在我院就业指导中心举行的招聘会上得知贵公司需要招聘会计三名。我自问能胜任此项工作，所以大胆应征，望贵公司能予以考虑。

忙碌而充实的三年大学生活即将结束，在这三年里我从各方面严格要求自己，努力提高自己的专业知识水平、学习适应能力、人际交往能力。大学期间我每门课的成绩都在 87 分以上。此外，我还取得了会计从业资格证书，并通过了英语四级考试。我还熟练地掌握了办公自动化相关软件的操作。

我有不断进取的精神，在取得会计从业资格证书之后，还参加了学校组织的初级会计职称培训，并在培训班中表现良好。此外，2017 年暑假期间我曾在××公司做过兼职，担任促销员的工作。做兼职工作的这段经历，锻炼了我吃苦耐劳的精神，我的表现也赢得了同事们的认可。

我做事认真，勤于思考，敢于创新，并具有较强的责任心。我对自己充满信心，希望能够得到领导的赏识，给我一个展现自己的平台。我必将以务实的作风和实干的精神，发挥我的专业技术能力，全身心地投入工作，以优异的成绩、出色的表现得到您的信任与肯定。

感谢您在百忙之中审阅我的求职信，并以录用为盼！

求职者：刘××敬上

2019 年 5 月 14 日

（资料来源：例文选自 http：//www. jianli-sky. com/jobletter/455. html，有改动。）

评析：这份求职信从读信人的角度组织内容，格式正确、行文流畅、突出重点。开篇写明了个人情况及用人信息的获得渠道，交代应聘职位，求职意向明确；之后从专业学习和社会实践方面来写明自己能胜任这份工作；行文结尾恳切地表达了自己希望被择优录用的愿望。

【例文三】

求 职 信

尊敬的公司领导：

您好！

我叫陈××，是××职业技术学院机械设计与制造专业的应届大专毕业生。从学校就业指导中心的网站上获悉贵公司在我院的招聘信息。对照贵公司的录用要求，我觉得自己符合招聘条件。自进入学校以来，我严格遵守学校的各项规章制度，刻苦学习，尊敬师长，团结同学，乐于助人，积极参加学校的各种课外活动，努力提升自己的综合素质。经过努力，大学三年期间我在各方面都取得了长足的发展，目前我已顺利完成了大学阶段的学业，我的机械设计制作、模具设计、特种加工等专业课成绩优异。

在校期间我还利用课余时间学习了许多与专业相关的课程，比如WORD，从手绘到AutoCAD的机绘，再到solid works的三维建模，我都有较深入的涉猎，磨床、铣床已取得相应的证书。

在思想上，我积极要求进步，2018年12月我光荣地成为中国共产党中的一员。除学习外，我还积极参加了许多社团社活动，从中锻炼和提高自己。平时我热爱运动，乒乓球、篮球、羽毛球等球类运动都是我的爱好，还喜欢阅读书籍。

希望领导能够接纳我成为贵公司的一员，凭借我的热情和才能，我将不遗余力地和大家一起为贵公司的腾飞作出自己的贡献。最后，谨祝贵公司事业蒸蒸日上，前程似锦。

此致

敬礼！

求职人：陈××

2019年4月27日

（资料来源：例文选自http：//www.hinesejy.com/shixi/gerenjianli/qiu4909.htm，有改动。）

评析：这份求职信体现出了求职者的专业水平，语言表达简洁、明确，用词恰当，格式规范，具有个人特色，在信中求职者介绍了自己的专业特长、综合表现等，给用人单位一个初步又完整的印象，以达到全方位展示自己的目的，从而为自己争取到面试机会。

四、注意事项

1. 态度要诚恳

求职信是求职人用来向用人单位“求”职的。所以，通常情况下，求职者的语气要谦恭、礼貌，表述要得体，用语要亲切。对于迫切希望得到某个职位的求职者来说，在求职信中除了恭敬与礼貌外，在展示自身才能的同时，还应该表达一种恳切之情，力求以情感人，加深对方的印象。

2. 内容要真实

在求职信中所反映的个人信息及其他相关情况应该做到真实，不弄虚作假。要有什么说什么，表达要明确，不能有意在求职信中使用模糊词句，含糊其词，更不要夸夸其谈。一般用人单位招聘员工往往要通过面试，被聘用后还有试用期。如果求职者弄虚作假，迟早会被发现，到时得不偿失，甚至还会让用人单位对求职者的品行产生怀疑，影响个人的职业发展。

3. 目标要明确

即求职目标意向要明确，一方面对自己希望获得什么职位要表达清楚，另一方面对于自身从事相关工作，履行相应职责所具备的基本素质或特殊才能也应表述清楚。这样才有可能增强吸引力，帮助对方认识和了解自己，赢得信任，也才有利于自己顺利地获得心仪的职位。目标定位要准确，不要过高，要恰如其分，与自己的实际能力和工作经历相称。只宜选取一个职位目标，不要一次选择多个职位。

4. 语言要简洁

求职信中的语言表达要简明扼要，不要使用修饰性词语，切忌错别字和语法错误，能够让招聘人员比较迅速地看完，同时要重点突出求职者与求职单位的实际情况及求职岗位的特点相匹配的强项。要舍弃与求职岗位不相关的内容，避免喧宾夺主，切忌面面俱到。

5. 书写要规范

每年到招聘的时候，一个企业，尤其是大企业会收到很多份求职信和简历。工作人员不可能每份都仔细研读，所以在写求职信的过程中一定要注意内容上要主次分明、重点突出，建议求职信只要一页纸就足够了。另外还必须注意求职信的基本格式，力求做到书写整洁、清晰、规范。求职信的制作要简洁、朴素、大方，避免华而不实的修饰。

五、写作实训

(一)文种评析

请分析这份求职信中存在的问题。

求 职 信

刘总经理：

您好！

我叫王××，女，1998年生，现为××职业技术学院2016级会计专业学生，即将毕业。经过三年的专业学习，现已较系统地掌握了会计专业的基本知识，并具备了较强的会计工作能力。在校期间我曾系统学过以下课程：会计学原理、商业会计、成本会计、统计学、会计法、管理会计、工业会计、计算机语言、会计电算化等，考试成绩在班级均名列前茅。我愿接受用人单位的考核与挑选，希望你能给我一个为贵公司效力的机会，期待你的答复。

敬礼

求职人：王××

2019年5月5日

(二)写作实训

张××，女，是一名××职业院校涉外文秘专业即将毕业的学生。张××在校期间的专业课成绩良好，英语已经过四级，并且英语打字和计算机操作技术达到高级水平，拿到了高级工等级证书。她的口头表达能力较强，曾在××市大学生英语演讲比赛中获得一等奖。同时，在校期间她还选修过管理学、公共关系学、社交礼仪等方面的课程，并较好地掌握了这些方面的知识和技能。张××在校还担任过系学生会主席一职，她性格开朗自信、诚实热情、办事细致，能吃苦，有毅力，在银河股份公司实习期间，曾因表现突出受到过公司的表扬。张××准备毕业后到银河股份公司应聘文秘一职。

请你结合以上内容，以张××的身份为她撰写一份求职信。

（三）拓展训练

以下是2019届毕业生小文的求职经历：小文是一个向往独立生活、自力更生的人，他希望凭借自己的能力找到一份工作，因而从来没跟亲戚朋友透露过自己找工作的打算或求职意愿。

9月的时候，他觉得时间还早，而且自己也没有明确的求职意向，所以他没有任何的找工作的准备。到了10月，身边的同学纷纷开始找工作，小文也觉得是时候找一份工作了。于是，他从网上找来模板撰写了一份求职信，准备找工作，其中社会实践经历部分表述如下："2017年至今多次做过家教，2017年的1月在某酒店餐厅做服务员，2018年1月寒假期间在家乡某销售公司实习一个半月"。求职材料做好后，他开始奔走于各大招聘会、宣讲会，他还经常通过各大招聘网站投递自己的简历，但始终没有收到过面试通知。一个月后，他终于收到一个面试通知，但他却记不起应聘的是什么职位，只好硬着头皮打电话向招聘单位问到了自己应聘的职位。面试当天，他特地向同学借来正装，准点到达面试地点。面试中他问了用人单位几个关于薪水的问题后，发现与他的要求相去甚远，最终他也没收到录用通知。

请你仔细阅读小文的求职经历，并分析总结出他在求职过程中的不当之处，并给他提供一些合理的参考建议。

（四）情景模拟

教师来设置一个求职场景：例如某建筑公司招聘办公室文员、工程师助理，某广告公司招聘广告策划人员，某电子有限公司招聘技术人员等。由4位学生以随机选择或主动报名的形式，和教师一起作为本次招聘的面试主考官，3~6名学生作为应聘者，进行模拟面试。其他同学在旁边现场观摩，仔细观察，安静倾听。面试结束后，请参与者和观摩者谈谈自己的感受，最后教师点评并指出存在的问题，给出一些合理的求职建议。

☞ 知识链接

求职信与求职简历的异同：

求职信与求职简历撰写的目的是相同的，都是引起用人单位的兴趣，争取面试的机会，但两者也有所不同。求职时简历一般不能单独寄出，需要附有信件，即求职信。

求职信是针对特定的个人来写的，而求职简历却是针对特定的工作职位来写的；求职信主要表述求职者的主观愿望，而求职简历主要叙述求职者的客观情况。求职简历要求简洁、格式化，与人的情感或情绪上的交流不明显。求职信更要集中地突出个人的特征与求职意向，可以较充分地表现细节，还可以表达个人对公司的情感及对所谋职业的渴望，从而打动招聘人员的心，求职信是对简历的简要概述和补充。

项目五　个人简历

☞ **学习目标**

◆　掌握个人简历的结构特点。

◆　掌握个人简历的特点和写法。

◆　培养学生的规范意识和创新意识。

一、情境导入

2011 年，一段红遍网络的视频简历吸引了众多毕业生的眼球。简历以约 1 分钟的视频形式呈现，主人公是某动漫游戏职业培训中心动漫专业的应届毕业生彭帅。他依据自身形象设计出来一个卡通人物，视频由卡通人物跳着月球漫步开始。动感的舞蹈结束后，一句“老板，要人吗?”，表明了这是一份与众不同的求职简历。随后彭帅讲述了自己的专业和学习背景，并通过一系列特效展示了他多年来的动漫设计作品和自己的一幅半身肖像素描。视频最后，彭帅表达了自己想要寻求一份动漫相关专业的意愿。随着这段视频在网络爆红，这个没有纸质的简历，没有奔走各大招聘会的应届毕业生，引来全国 40 多家企业抛来的“橄榄枝”。

余博雅毕业于广东外语外贸大学英语专业，她在网上发布了自己的求职简历，简历标题抓人眼球：“I Want a Job”，并将自己化身为卡通形象“代言人”，一个棕栗色卷发、圆脸大眼、还戴着粉色蝴蝶结的女孩。整份简历是一幅漫画式的图表，这位卡通形象代言人在不同板块讲述余博雅的大学生活和优秀的实践经历，主持、礼仪、平面模特、翻译经历丰富，做过国际志愿者，上过电视、报纸、杂志，懂得营销，有想法也有能力付诸实践，求职目标是“曾是一个好学生，想做一个好演员”。

这份被称为“史上最牛简历”的制作人小余，非常重视实践活动。从事多年人力资源招聘工作的程经理表示，余博雅的简历蹿红不仅因为简历的形式新颖，图文并茂，更是因为她十分丰富的实践经历，没有十八般武艺的求职者，是衬不起这样一份简历的。程经理建议求职者在重视简历个性化的同时，一定要注重实践经验的积累，有的放矢，努力挖掘自己的闪光面。

二、知识梳理

(一) 概念

个人简历是求职者向招聘单位所作的简明扼要的书面介绍。包含自己的基本信息、联系方式，以及自我评价、工作经历、学习经历、荣誉与成就、求职愿望、对这份工作的简要理解等。

（二）特点

1. 简

个人简历尽量简短，因为招聘方没有时间或者不愿意花太多的时间阅读一篇冗长空洞的个人简历。最好在一页纸之内完成，一般不要超过两页。

2. 真

不能凭空编造自己的经历，一定要按真实的情况填写，不要过分夸大自己的能力。

3. 明

用人单位招聘的是适合某一特定职位的人，如果简历的陈述没有工作和职位的重点，或是把自己描写成一个适合于所有职位的求职者，可能将无法在任何求职竞争中胜出。

（三）格式

1. 标题

在正上方标明“简历”二字即可。

2. 个人基本情况

基本情况，“基本”即可，主要包括：姓名、性别、出生日期、政治面貌、籍贯学历、专业、毕业学校、联系方式。

3. 教育经历

按倒序写明何时何地在何校学习，可以列出在学阶段的部分课程，但不可面面俱到，而是要体现与所谋求的职位有关的课程。

4. 实践、工作经历

这部分是简历的重点。按倒序排列出在学阶段所担任的职务，在各种实习中承担的工作。在描述实践经历时切忌含糊不清，一定要将自己的具体工作明确地描述清楚。对实习经历，最好用一两句话概括自己的最大收获。叙述时不要面面俱到，要将自己参加的有较大价值和收获的社会实践活动写在简历上。如参加过学校哪些组织和社团，担任什么职位，主要职责是什么，完成了哪些任务，有一些什么成果；兼职、实习经历，大学期间在哪些机构、公司、团体实习，担任什么职位，主要负责什么，完成了哪些任务，有一些什么成果。

5. 能力、性格评价

包括个人基本技能、所获得的荣誉以及自我评价等。对基本技能和荣誉的介绍要具体，要与所谋求的职业特点、要求相吻合。必要时可以用数字加以说明，比如获得奖学金的同学可以说明该奖学金在整个年级有多少人等。

在评价自己的时候不要套话、空话连篇，要注意突出对求职有利的专长、兴趣、性格、气质等。

三、范文评析

【例文】

个人简历

姓名：××
性别：男
籍贯：山东省济南市
出生年月：1985. 10
专业：交通工程(汽车运用方向)
毕业院校：北京××大学
邮箱：××@126. com
手机：×××××××××××
教育背景：

2003. 9—2007. 7 交通工程(汽车运用方向)

主修课程：内燃机理论、汽车构造与理论、汽车电器、汽车运用工程、交通工程、机械设计、理论力学、材料力学、工程制图、工程材料、液压与气压传动、工程测试技术、电子电工技术、人机工程学、生产管理等。

2005. 9—2006. 7 辅修计算机专业

辅修课程：数据库与 SQLSerner2000、网页设计、计算机网络与网络操作系统、多媒体技术及应用、VISUAL、BASIC 程序设计及数据库应用开发、动态网页设计与 WEB 数据库开发等。

获奖情况：

2005—2006 学年被评为优秀学生干部

2006 年在“学习，创新，成才”征文比赛中获三等奖

英语、计算机水平：

英语：CET 六级，较强的英语听、说、读、写能力

计算机：全国计算机二级、VB 证书、绘图软件 AutoCAD、AdobePhotoshop7. 0、3DMAX，以及 Word \ Excel \ PPT 等办公软件

社会实践及学习情况：

1. 2006 年暑假汽车专业综合实习

实习内容：在亚运村汽车交易市场、北汽福田汽车厂、北京吉普汽车总装车间、交通部汽车试验场等与汽车有关的生产、试验部门进行参观实习。

实习收获：把理论与实践相结合，系统地强化了专业知识。

2. 学习期间校内实习中心实习

主要内容：发动机拆装实习、金工实习(洗、创、磨、铸造、焊接)、齿轮传动系课程设计。

实习收获：锻炼了动手能力，加深了对理论课程的理解。

3. 2004—2005 年任北京××大学团总支、成才成长中心副部长

主要工作：出色完成 2004 年工学院大学生助学贷款工作，协调组织小组工作人员，并承担对申请资格进行审核，签字仪式说明会的筹划主办，诚信资料库的建立以及后续相关的信用监督工作。

工作收获：培养了协调组织能力及团队合作精神，具备了独立组织完成一项工作的能力。

4. 2003 年至今任北京××大学篮球裁判组优秀裁判员

社团描述：负责院系及班级篮球比赛裁判工作，为篮球运动爱好者创造交流学习的环境。

参加活动：2005 年春季北京市高校乙级篮球联赛记录员，课余时间校内篮球比赛裁判员。

社团收获：丰富了课余时间，社交能力得到了很好的锻炼。

补充材料：

机动车驾驶执照

国家二级篮球裁判员

自我评价：

稳重大方，乐观开朗，容易与人相处，上进心非常强，遇到问题时善于思考，能积极地找出相应的解决方案。喜欢读书，求知欲强烈。比较喜欢篮球运动。

（资料来源：例文选自 https://wenku.baidu.com/view/a5b3952e0242a8956aece473.html，略有改动。）

评析：这是一篇文字式简历，简历以分条列款分别列出自己的履历。以个人基本教育背景、获奖情况、英语水平、计算机水平、社会实践及学习情况、自我评价等为线，时间上衔接准确，内容上客观实际，态度实在。

四、注意事项

（一）简历五要

要突出姓名

要突出实践经历

要针对不同的公司做不同的简历

要用数字体现个人业绩

联系方式要写清楚

（二）简历三不能

不能出现拼写、语法、标点或打印错误

不能太花哨

不能出现薪金的历史记录和待遇要求

五、写作实训

假设你是求职大军中的一员，请根据自己的个人情况、专业特点、求职意向写一份个人简历。

☞ 知识链接

编写简历是很多求职者的必修课，然而近年来微博上却流行着不以求职为目的的各种版本的简历，网友称之为“微简历”。在简短的140个字里介绍自己、展示自己，如此精练的文字比正规的简历还要考究功力。难怪，如今网上流传的各种版本的微简历基本以搞笑为主，求职为辅。

说起微简历的起源，那得追溯到童话大王郑渊洁。他率先用诸多网络流行语为自己编写了一份趣味十足的简历，其原文为：“偶郑渊洁童鞋，中国银，1955年生于石家庄，飘过，5岁到北京潜水。小学四年级遇‘文化大革命’，悲摧辍学。塞翁失马，自学更给力。……做工神马的都是浮云。靠写作养家糊口，被读者围观，人生鸭梨渐微。老来学会织围脖，从out到nb。”其中，“童鞋”“给力”“悲催”“浮云”“神马”等网络热词在简历中被应用得出神入化。这份不以求职为目的的搞笑简历引起了一波转发热潮后，也孵化出了微简历这么一个新鲜玩意儿。许多人相继模仿，“凡客体”“咆哮体”“古文体”“三字经体”“打酱油体”等各类微简历层出不穷，微简历已经成为表现网民们无穷智慧的一个载体。如今，或文言或白话的各类微简历相继出炉，轻松诙谐又能表现自我，微简历已成为不少网友在网上的最好名片。微招聘将微简历140字的限制打破，实现微简历与求职简历相互链接、转化，更加方便用户。

项目六　会议记录

☞ **学习目标**

- ◆ 掌握会议记录的基本格式。
- ◆ 掌握会议记录的主要内容及写作重点。
- ◆ 培养学生的听说能力和概括能力。
- ◆ 精讲多练，培养学生自主学习能力。

一、情境导入

小郑毕业后做了某公司办公室文员，因工作认真用心，半年后被领导点名负责公司高层的一次决策性会议的记录工作。为了做好这次会议记录，小郑做了大量准备工作，如对会议情况、相关文件、参会人员等做了细致了解；开会前多次熟悉开会的环境；除准备好纸笔，为防止自己漏听漏记外，还特意带上一支录音笔……因为准备工作做得充分，加上记录、整理准确、迅捷，小郑出色完成任务，受到了领导的高度赞扬。领导语重心长地对小郑说："会议记录工作啊，看似普通却很重要，因为会议记录本身比较重要，具有很强的指导性，会后相关文件的形成、相关工作的开展都要以它为基本依据和重要参考。年轻人，要好好干啊！"会议记录是传达贯彻会议精神的依据，也是形成会议纪要、会议简报等的基本素材，还是今后进行与会议相关的其他工作的重要参考，可以说是会务工作中十分重要的一项内容。

二、知识梳理

（一）会议记录的概念

会议记录是由会议组织者指定专人如实、准确地记录会议的组织情况和会议内容的一种应用性公文。

"记"有详记与略记之分。略记是记会议大要、会议上的重要或主要言论。详记则要求记录的项目必须完备，记录的言论必须详细完整。若需要留下包括上述内容的会议记录则要靠"录"。"录"有笔录、音录和影像录几种，对会议记录而言，音录、像录通常只是手段，最终还要将录下的内容还原成文字。笔录也常常要借助音录、像录，以之作为最大限度地再现会议情境的保证。

（二）会议记录的特点

（1）原始性。会议记录是在对会议中各种材料、与会人员的发言以及会议简报等进行综合分析和概括提炼基础上形成的，它具有整理和提要的基本特点。由于它是第一手资料，要坚持“怎么讲就怎么记的原则”。

（2）凭据性。会议记录交主持人认可签名后，立卷存档，作为文献资料日后查考研究。

（3）规范性。统一的记录专用笺、记录格式、记录用笔。

（三）会议记录的分类

按照会议性质来分，会议记录大致有办公会议记录、专题会议记录、联席（协调）会议记录、座谈会议记录等。

办公会议记录是记述机关或企业、事业单位等对重要的、综合性工作进行讨论、研究、议决等事项的一种会议记录。办公会议记录一般有例行型办公会议记录，即记述例行办公会议情况及其议决事项的会议记录，以及现场办公会议记录，即为解决某重大问题而召集有关方面和有关单位在现场研究、议决或协商的办公会议记录。

专题会议记录是专门记述座谈会讨论、研究的情况与成果的一种会议记录。其主要特点是主题的集中性与观点意见的纷呈性相结合，既要归纳比较集中、统一的认识，又要将各种不同观点和倾向性意见都归纳表达出来。

按组织系统分，可以分为党委会议记录、行政会议记录、工会会议记录等。

（四）会议记录的格式要求

其结构是：标题+会议组织概况+会议内容+结尾

（1）标题，由会议名称加文体名称组成，例如《××××会议记录》。

（2）会议组织概况，包括会议时间、开会地点、主持人的职务、姓名、出席人、列席人、缺席人、记录人等。

（3）会议内容：

①会议中心议题以及围绕中心议题展开的讨论；

②会议讨论、争论的焦点及各方的主要见解；

③权威人士或代表人物的言论；

④会议开始前的定调性言论和结束时的总结性言论；

⑤会议已决议或者议而未决的事项；

⑥对会议产生较大影响的言论或者活动。

（4）结尾。会议结束，另起一行写“散会”两字。

最后，由主持人和记录人对记录进行认真校核后，分别签上名字，以示对此负责。

会议记录要求忠于事实，不能夹杂记录者的任何个人情感，更不允许有意增删发言内容。会议记录一般不宜公开发表，如需发表，应征得发言者的审阅同意。

（五）会议记录的写作技巧

一般说来，有四条：一快、二要、三省、四代。

一快，即记得快。字要写得小一些、轻一点，多写连笔字。要顺着肘、手的自然去势，斜一点写。

二要，即择要而记。就记录一次会议来说，要围绕会议议题、会议主持人和主要领导同志发言的中心思想，与会者的不同意见或有争议的问题、结论性意见、决定或决议等做记录。就记录一个人的发言来说，要记其发言要点、主要论据和结论，论证过程可以不记。就记一句话来说，要记这句话的中心词，修饰语一般可以不记。要注意上下句子的连贯性、可讯性，一篇好的记录应当独立成篇。

三省，即在记录中正确使用省略法。如使用简称、简化词语和统称。省略词语和句子中的附加成分，比如“但是”只记“但”，省略较长的成语、俗语、熟悉的词组，句子的后半部分，画一曲线代替，省略引文，记下起止句或起止词即可，会后查补。

四代，即用较为简便的写法代替复杂的写法。一可用姓代替全名；二可用笔画少易写的同音字代替笔画多、难写的字；三可用一些数字和国际上通用的符号代替文字；四可用汉语拼音代替生词难字；五可用外语符号代替某些词汇；等等。但在整理和印发会议记录时，均应按规范要求办理。

三、范文评析

【例文一】

××学院青年志愿者协会会议记录

会议名称：校青协工作例会

会议时间：2017年10月27日（星期四）　会议地点：会议室

主持人：×××　　记录员：×××

出席人员：陈老师、校青协中心组成员、院（系）青大队长、专属队副队长

一、主持人发言

二、各部介绍近期工作情况

组织部：下发关于“双迎”志愿者征文通知

活动部：对活动开展的质量问题作出要求

项目部：①开始了直属队的招新工作
②近期将开展军训服的回收活动

宣传部：①向各院（系）介绍“谷歌杯”的申请流程
②准备见习干事的培训工作
③规定工作简报、媒体报道的上交时间

外联部：上交青大队长风采资料

监察部：①制作9月份的考勤表
②撰写大事记

③强调开会时间

三、各院系青大队长以及各直属队队长做自我介绍

四、秘书处作指导性发言

评析：这是一份摘要式会议记录，会议的组织情况和会议内容记录较为规范、准确，全文条理清晰、语言简明、要点完整。

【例文二】

××公司项目会议记录

时间：××××年×月×日

地点：公司会议室

出席人：××公司各部门主任

主持人：××(公司副总经理)

记录：××(办公室主任)

一、主持人讲话

今天主要讨论一下××办公软件是否投入开发以及如何开展前期工作的问题。

二、发言

技术部××主任：类似的办公软件已经有不少，如微软公司的WORD、金山公司的WPS系列，以及众多的财务、税务、管理方面的软件。我认为首要的问题是确定选题方向，如果没有特点，千万不能动手。

资料部×××主任：应该看到的是，办公软件虽然很多，但从专业角度而言，仍有提升的空间。我指的是编辑方面。如WORD中对于行政公文这一块就干脆忽略掉，而书信这一部分大多是英文习惯，中国人使用起来很不方便。WPS是中国人开发的软件，在技术上很有特点，但中文应用方面的编辑也并非很完备。我认为我们定位在这一方面是很有市场的。

市场部××主任：这是在众多航空母舰中间寻求突破，我认为有成功的希望，关键的问题就是必须小巧，并且速度极快。因为我们建造的不是航空母舰，这就必须考虑到兼容问题。

三、各部门都同意立项，初步的技术方案将在10天内完成，资料部预计需要3个月完成资料编辑工作，系统集成约需要20天，该软件预定于元旦投放市场。

散会。

主持人：(签名)

记录人：(签名)

评析：这是一篇详细式会议记录，全文分会议组织情况和会议内容两个部分，格式完整、条例清晰，在会议内容这一部分里，对主持人和发言者的全部讲话做了详细、认真的记录，会议内容记录得十分明确、具体。

四、注意事项

(一)真实、准确

要如实地记录别人的发言，不论是详细记录，还是概要记录，都必须忠实于原意，不得添加记录者的观点、主张，不得断章取义，尤其是会议决定之类的东西，更不能有丝毫出入。真实准确的要求具体包括：不添加，不遗漏，依实而记；清楚，首先是书写要清楚，其次，记录要有条理；突出重点。

(二)要点不漏

记录的详细与简略，要根据情况决定。一般来说，决议、建议、问题和发言人的观点、论据材料等要记得具体、详细。一般情况的说明，可抓住要点，略记大概意思。

(三)始终如一

始终如一是记录者应有的态度。这是指记录人从会议开始到会议结束都要认真负责地记到底。

(四)注意格式

格式并不复杂，一般有会议名称。会议基本情况，基本情况包括：时间、地点、出席人数、主持人、缺席人、记录人。会议内容，这是会议记录的主要部分，包括发言、报告、传达人、建议、决议等。

凡是发言都要把发言人的名字写在前。一定要先发言记录于前，后发言记录于后。记录发言时要掌握发言的质量，重点要详细，重复的可略记，但如果是决议、建议、问题或发言人的新观点要记具体详细。

(五)会议记录应该突出的重点

(1)会议中心议题以及围绕中心议题展开的有关活动；
(2)会议讨论、争论的焦点及其各方的主要见解；
(3)权威人士或代表人物的言论；
(4)会议开始时的定调性言论和结束前的总结性言论；
(5)会议已议决的或议而未决的事项；
(6)对会议产生较大影响的其他言论或活动。

五、写作实训

观看“学习通”章节视频《自媒体时代我们该怎么做》班会，并写一份完整的会议记录。

☞ **知识链接**

会议记录和会议纪要的区别：

第一，性质不同：会议记录是讨论发言的实录，属事务文书。会议纪要只记要点，是法定行政公文。

第二，功能不同：会议记录一般不公开，无需传达或传阅，只作资料存档；会议纪要通常要在一定范围内传达或传阅，要求贯彻执行。会议纪要是在会议记录的基础上，对会议的主要内容及议定的事项，经过摘要整理的、需要贯彻执行或公布于报刊的具有纪实性和指导性的文件。

项目七　申 请 书

☞ 学习目标

- ◆ 掌握申请书的基本含义和适用范围。
- ◆ 掌握申请书的特点。
- ◆ 掌握申请书的基本格式。
- ◆ 了解什么是请示，以及跟申请书的区别。

一、情境导入

陈××从××大学管理学院营销专业毕业后，被××厂人事处安排在××车间统计员的岗位上。工作了一段时间后，他感觉所学专业与实际工作相差较远，个人的知识水平与工作能力无法施展，经慎重考虑，准备向厂长提出调换工作岗位的要求。他询问了同事张×，张×告诉他，他需要向工厂领导递交一份《工作岗位调动申请书》。

二、知识梳理

(一) 申请书的概念

申请书是个人或集体就某一件事情或问题向组织、机关、团体、企事业单位表达愿望、提出请求时所使用的一种事务文书。

(二) 申请书的种类

申请书的使用范围广泛，种类也很多。按形式分，可分为文章式申请书和表格式申请书两种。按申请者分，可分为个人申请书和集体申请书。

(三) 申请书的特点

1. 单一性

申请书要求内容单一明确，一事一书。即一份申请书只表达一个愿望或提出一个请求，切忌不同的愿望和请求写在同一份申请书中。

2. 请求性

从写作动机看，申请书的写作带有明显的请求目的。

(四) 申请书的格式

申请书的格式主要包括标题、称谓、正文、落款四部分。

1. 标题

标题位于第一行正中，字号可比正文略大。标题有两种写法：一种是直接写“申请书”；另一种是申请的内容加上文种名称。

2. 称谓

称谓写接受申请书的单位、组织、机关、团体名称或有关负责同志的姓名，如“××工商管理局”“××同志”。

3. 正文

正文是申请书的主要部分。一般应包括申请的事项、理由以及态度三方面内容。

(1)开头：简明扼要地交代申请人的基本情况，写清楚申请的理由。申请理由是申请的重要依据，要陈述具体、充分、有条理，便于组织或领导了解申请者的意愿。

(2)主体：写明申请的事项。

(3)结尾：进一步表明自己的态度和决心，应写得诚恳，有分寸。这部分可以简约一些。有的申请书不写结尾，直接写结语。

(4)结语：结尾一般要写表示愿望和请求的用语，如“请领导审核批准”“以上请批准”“恳请批准”等。也可以写祝颂语，如另起一行空两格写“此致”，下行顶格写“敬礼”等。

4. 落款

正文右下方署上申请人的姓名或申请单位的名称，其下方写明申请日期。

三、范文评析

【例文】

开业申请

××市工商局：

我是××职业技术学院2018届毕业生。在大学期间所学的专业是汽车检测与维修专业，掌握了比较过硬的汽车检测、维修技术，在校期间还考取了劳动与社会保障部颁发的汽车检测与维修专业中级技能等级证书。毕业后我一直从事汽车检测与维修工作，我的专业技能在毕业后也得到了充分发挥并有所提高。目前，我具备了独立开业的能力，而且还具备了开业条件，拥有工作场地××平方米、检测和维修设备××台，共筹集了资金××万元，现向贵单位提出开办汽车检测与维修部的申请，恳请贵单位对我的条件进行评估，并考核我的汽车检测和维修技术，批准我的申请。如果申请能通过，我保证会诚信经营，力求高质高效为客户做好服务。

此致

敬礼

申请书人：×××

××××年××月××日

联系地址：××××

邮政编码：××××

联系电话：××××

评析：这份申请书的标题即点明了申请的主旨。全文事由明确，理由充分，语言朴实，态度诚恳。正文部分写明了申请的事由及理由：首先说明了个人情况，如毕业学校、所学专业、个人获得职业技能证书、实践经验和具备的条件等。其次，直接提出开业申请的愿望，并表明自己的决心。

四、注意事项

(1)实事求是，理由充分。申请书要客观真实地反映情况，表达愿望，提出的要求应明确具体，不能为了达到某种目的而弄虚作假和歪曲事实。

(2)语言要朴实无华、准确简洁，态度要庄重严肃，切忌东拉西扯，有意渲染。

(3)书写要工整、文面要整洁、格式要规范。

(4)注意区别申请书和请示。二者受文对象不同，使用范围也不同。申请书是写给有关主管部门，可以用于公务，也可以用于个人事务；而请示是行政公文，不能用于个人事务，一定是下级写给上级的。

五、写作实训

(1)小张准备申请助学贷款，辅导员让他先写一份申请书。小张的家庭情况如下：小张父亲因病过世，自此生活的重担落在了母亲的肩上。但母亲因伤下岗，没有工作，并患有伤疾，不能做重活过于疲劳。父亲过世后，家中又没有积蓄，母亲一直都靠打零工维持家里的生活，生活十分艰苦。小张考上大学以后，家中更是雪上加霜。现在母亲在工厂的仓库上班，工资仅有每月的400元。

请根据小张的情况，拟写一份助学贷款申请书。

(2)小王："大学生活太丰富多彩了，这么多社团和组织，我也想参加一个锻炼一下自己。"小丁："是啊，除了学习，我们还要充分锻炼、全面发展。我这两天正考虑加入文学社呢。"请替小王代写一份加入"摄影协会"的申请。

☞ **知识链接**

请示与申请的区别：

(1)申请是因业务或事务需要，按规定完成法律程序向上级或职能部门、管理机构、组织、社团说明理由，提出请求，希望得到批准的一种事务文书，也叫申请书或申请表。请示和申请都有请求缘由、请求事项，但请示是法定公文，申请为专用书信，属于不同文种。

(2)请示用于下级机关向上级提出请求，下级只能在上级机关的职权范围内报请需要批准的事项。申请不仅用于下级向上级请求，而且可用于不相隶属的但按规定、法律程序必须向其请求的机关、单位、部门等。如专门办理有关业务的机构部门(银行、保险、公安、海关、土地管理、工商管理等)。

(3)请示的行文对象固定，而申请的行文对象不定，请示的内容限于本系统，本部门的行政公务或政策问题，写法规范。申请的内容不以系统、部门为限，写法不强求一律，且常以填写有关部门印制的各种表格代替。

(4)请示的作者是法定的机关、团体，而申请的作者可以是机关、团体，也可以是个人。机关、团体或个人向有关方面递交申请，有时必须按有关规定出具或提交有关证明、证件、文件等，而请示则没有这方面的规定。

(5)请示可以带附件，附件是请示的重要组成部分，作为对正文的补充说明或参考。

项目八　计　划

> ☞ 学习目标
> - ◆ 掌握计划的基本格式。
> - ◆ 掌握计划的主要内容及写作要求。
> - ◆ 培养学生的计划意识和实践能力。
> - ◆ 精讲多练，培养学生自主学习能力。
> - ◆ 培养综合素质，写作能力与实践能力相结合。

一、情境导入

凡事“预则立，不预则废”。这里的“预”就是指“计划”。其实，无论是单位还是个人，无论办什么事情，事先都应有个打算和安排。有了计划，工作就有了明确的目标和具体的步骤，就可以协调大家的行动，增强工作的主动性，减少盲目性，使工作有条不紊地进行。同时，计划本身又是对工作进度和质量的考核标准，对大家有较强的约束和督促作用。所以计划对工作既有指导作用，又有推动作用。我们除学习计划的写作，还应做一个有“计划”的人。

小梁是经管学院会计专业的一名大一新生，虽然经历了高中三年的“魔鬼式”学习，但这并没有消磨她的学习兴趣，她决心在大学三年里扎实地学习专业知识，锻炼过硬的职业能力，以便将来步入社会面对激烈的职场竞争。为此，她制订了一份详细的大学期间学习计划。

二、知识梳理

(一)计划的概念

计划，是对未来一定时期内的工作或学习提出要求、措施、步骤和完成期限的一种文书。它的运用很普遍，对于机关、团体、企事业单位的各级机构或个人，计划具有较强的指导作用，便于推动工作或学习目标的顺利、有序实现。

(二)计划的分类

(1)按内容分：主要有生产计划、工作计划、学习计划、训练计划等。

(2)按范围分：主要有个人计划、部门或单位计划等。

(3)按时间分：主要有长期计划、短期计划(如年度计划、季度计划、月度计划)等。

(4)按性质分：主要有综合计划、专项计划等。

通常情况下，“计划”还有其他的别称，主要有：

(1)规划：指具有全局性、较长时期内的计划。

(2)方案：通常较多应用于专项工作。

(3)安排：对短期内工作进行具体布置的计划。

(4)设想：指初步的计划。

(5)打算：指短期内的工作要点式的计划。

(6)要点：指列出工作主要目标的计划。

(三)计划的特点

1. 预见性

计划不是对已经形成的事实和状况的描述，而是在行动之前对行动的任务、目标、措施所作出的预见性确认。但这种预想不是盲目的、空想的，而是以上级部门的指示为指导，以本单位的实际条件为基础，以过去的成绩和问题为依据，对今后的发展趋势作出科学预测之后作出的。

2. 针对性

计划是针对本单位的工作任务、主客观条件和相应能力而定的。从实际出发制订出的计划，才是有意义、有价值的计划。

3. 可行性

预见准确、针对性强的计划，在现实中才真正可行。如果目标定得过高、措施无力，这个计划就是空中楼阁；反过来说，目标定得过低，措施、方法都没有创见性，实现虽然很容易，但并不能取得有价值的成就，那也算不上有可行性。

4. 约束性

计划一经通过、批准或认定，在其所指向的范围内就具有了约束作用。在这一范围内，无论是集体还是个人都必须按计划的内容开展工作和活动，不得违背和拖延。

(四)计划的格式

工作计划大体分为标题、正文、落款三部分。

1. 标题

标题由单位(个人)名称、适用时期、内容和文种构成，如《××大学 2018—2019 年度工作计划》。

2. 正文

正文由前言和计划事项构成，主要包括三个方面的内容：第一，为什么做(通常是指导思想和目的)；第二，做什么(任务和指标)；第三，怎么做(主要是措施、步骤，还包括时间安排、完成目标等)。这三个方面，指导思想和目的，可以简明扼要，不必过于琐碎；任务、指标和步骤是计划的核心内容，应具体、详尽；措施具有可操作性、完成的期限和程度，必须明确、清楚。

3. 落款

在正文右下方注明制订计划的单位部门名称和日期。如果是个人计划，应先写明单位名称再写姓名，如果在标题中已写出制订计划的单位名称，落款可只写成文日期。上报或下发的计划应在署名和日期上加盖公章。

三、范文评析

【例文】

小梁大学期间的学习计划

一、编制目的

为了让自己的大学生活过得充实，更是为了自己能学有所成。

二、目标

让自己具备会计专业要求的所有技能，并熟悉秘书职务所需的全部基本技能与知识。

三、需掌握的知识体系

基础层：会计学、经济学、管理学、法律基础

主体知识层：财务管理、审计会计法、税法、国际法律环境、国际贸易流、公司法、市场调研与策划、营销策划、组织行为学、管理心理学、管理信息系统、企业战略管理、人力资源管理

辅助知识层：Office 办公软件系列、办公设备(如打印机、复印机、扫描仪、投影仪、传真机)

文秘系列：应用文书写作、商务礼仪、谈判口才与技巧

四、要取得的证书

注册会计师、计算机二级以上、英语四级以上

五、实现方法

采用课外学习与课堂学习相结合的方法

六、实现步骤

分四个阶段实现第一阶段：

时间：________年____月____日到________年____月____日

目标：____________________________

学习内容：________________________

具体计划：早上________点________分到________点________分到________点________分　学习________

晚上________点________分到________点________分　学习________

计划检验与修整：________年____月____日对学习________进行评估

评估结果：________________________

修整计划建议和方案

第二、三、四阶段(格式同第一阶段)

2019 年 3 月 5 日

(资料来源：例文选自 http：//www. dxs56. com/jiuye/03518/a549282. html。)

评析：这份计划书“标题”部分由“小梁+大学期间+学习+计划”组成，分别对应了“单位(个人)名称+适用时期+内容+文种”，整齐、规范。“正文”部分由“为什么做、做什么、怎么做、做的效果”等依次安排，条理清楚、结构完整、内容翔实，是一篇不错的学习计划书，对其大学期间的学习安排有较强的预见性、针对性、约束性。

四、注意事项

(1)要有科学的态度。一是要实事求是，计划不是凭哪个人的主要愿望杜撰而来的，必须是本地区、本单位和个人的客观情况及其发展规律的真实反映。二是要深入调查研究，这是制订计划的基础和前提。三是要有全局观念，必须站在全局的角度考虑和设计思路，制订的计划应符合国家方针政策、单位工作的指示精神和要求，做到“两头吃透”。四是要有科学的预见能力，只看眼前、不看今后是制订计划的大忌。五是要处理好中心工作与其他工作的关系。六是要具体，指标、措施、步骤、分工、时间、要求都要具体，这样执行者就有章可循，也便于检查，否则就会无所适从，计划等于虚设。

(2)指标、任务、要求应留有余地。制订计划时，要估计出本单位通过科学的组织、部署，合理地使用人力，调动一切积极因素后工作所能达到的最高限度。计划中规定的指标、任务和要求，既不能超过这个限度，也不能和最高限度齐平。必须略低于最高限度，留有一定的余地。

(3)要突出重点。综合计划中往往列举多项工作，这多项工作不是处于一个水平线上，其中必有一项是占主导地位的中心工作。如××学校 2019 年工作计划中提出以“教育质量年”为工作主题，那么这就是工作的重点，在制订计划时应处处体现类似重点。那些貌似全面、包罗万象而没有重点、不分主次的计划，将使执行者不得要领。

(4)要有自己的特点。计划要有自己的个性，这个单位的计划跟别的单位的计划应有所不同，这项工作计划与那项工作计划应有所不同，今年的工作计划与去年的工作计划应有所不同。那种项项雷同、年年如此的工作计划，不仅用处不大，而且会使执行者厌烦。总之，制订计划要因时、因地、因人而异。

五、写作实训

(一)文种评析

下面给同学们提供一份计划，请大家思考这份计划有哪些缺点。

××职业学院春笋文学社计划

为全面贯彻教育方针，落实学院关于大力开展课外小组活动的意见，我社制订活动计划如下：

1. 本学期举办文学作品欣赏两次，写作技法讲座两次(邀请学院大学语文组老师参加主讲)，读书札记交流一次。

2. 组织一次秋游，一次外出采访活动。

3. 本社成员每周练笔不少于两篇，从中选出优秀习作向省市期刊推荐；一学期发表的习作不少于五篇。

4. 积极参加省际、校际及校内各类演讲比赛、读书活动竞赛，力争拿到名次。

5. 与兄弟学院文学社团加强联系，10 月组织部分社员外出交流。

6. 学期结束，评选优秀社员；做好补充新社员的工作。

2018 年 9 月

(二)写作实训

××公司为调动职工的积极性，保证完成和超额完成生产任务，决定在全公司内推广××岗位责任制先进经验：要求开好三个会(动员会、经验交流会、总结表彰会)，搞好试点工作，组织职工讨论，充分发扬民主，各方面配合，从 7 月上旬开始，利用一个半月至两个月的时间完成这项任务。请根据以上情况，为××公司制订一份方案。

(三)拓展训练

以下是一些不正确或不规范的计划标题，请将其修改正确。

1. ×××市国民经济和社会发展五年计划
2. 一九八二年至一九八三年高等职业教育改革规划案
3. ×××中学二〇〇八年招生工作规划
4. ××公司关于第三季度销售计划

(四)情景模拟

场景：某旅游公司总经理向其下属员工李某等共 10 人下达了下月的销售任务各 10 万元，公司提供的条件是：旅游产品及资料(自选)、客户群 3 组及相关联络资料、费用各 3000 元等。请根据以上内容，每位同学写一份销售计划书，写完后分组交流，最后教师点评。

☞ 知识链接

如何撰写商业计划书：

商业计划书的核心是阐述三个问题：我们所做的事情是什么、我们在为谁提供何种价值的服务或产品、我们如何实现。围绕这三个核心问题，一份优秀的商业计划包括附录在内一般为 20~30 页，过于冗长的商业计划反而会让人失去耐心。整个商业计划的写作是一个循序渐进的过程，可以分成五个阶段完成。

第一阶段：商业计划构想细化，初步提出计划的构想。

第二阶段：市场调查，和行业内的企业和专业人士进行接触，了解整个行业的市场状况，如产品价格、销售渠道、客户分布以及市场发展变化的趋势等因素。可以自行进行一些问卷调查，在必要时也可以求助于市场调查公司。

第三阶段：竞争者调查，确定你的潜在竞争对手并分析本行业的竞争方向。分销问题如何？形成战略伙伴的可能性如何？谁是你的潜在盟友？准备一份一到两页的竞争者调查小结。

第四阶段：财务分析，包括对公司的价值评估。必须保证所有的可能性都考虑到了。财务分析量化本公司的收入目标和公司战略。要求详细而精确地考虑实现公司计划所需的资金。

第五阶段：商业计划书的撰写与修改，根据所收集到的信息制定公司未来的发展战略，把相关的信息按照我们上面的结构进行调整，完成整个商业计划书的写作。在计划书完成以后仍然可以进一步论证计划书的可行性，并根究信息的积累和市场的变化不断完善整个计划书。

项目九　活动策划书

☞ 学习目标

- ◆ 掌握活动策划书的基本格式。
- ◆ 掌握活动策划书中的活动过程的写作。
- ◆ 培养学生的创新思维和逻辑思维的能力以及统筹规划的能力。
- ◆ 培养学生根据不同情况进行构思和写作的能力。

一、情境导入

大学生赵××是经济贸易系大二的学生，也是该系学生会文艺部部长。临近中秋节了，系党总支书记今天告诉他为了丰富同学的课余生活，提高经贸系学子团队凝聚力，想借用中秋节这个契机给全体师生提供一个展现自我、体现经贸学子精神风貌的平台。系里决定举办一场中秋文艺晚会，由文艺部来具体策划并制订一份活动策划书交系党总支审核。接到这个任务赵××不知道从何着手。

赵××需要设计一个别具特色、富有创意的活动策划，并将策划的构思、策划内容和实施步骤写成中秋联欢活动策划书，精心安排节目表演、宣传等各项活动。

二、知识梳理

(一) 概念

策划就是一种策略、筹划、谋划或计划、打算，它是企事业单位、社会团体、组织机构或个人，在充分调查市场环境的基础上，遵循一定的方法或规则，对未来即将发生的事情进行系统、周密、科学的构思和设计，并形成系统、完整的方案。简言之，策划就是为行动谋划方案，由此形成的书面文件，便称为策划书或策划案，有时也简称为策划。

(二) 特点

1. 目的性

策划有明确的目的性，有很强的针对性，这正是策划的意义所在。每一个企业策划主体都有自己的目标，这就决定了策划书的写作要始终围绕这一中心目标，不能游离。

2. 计划性

策划书实质上是一种活动方案，策划活动的成果必须有一个实施过程，策划书就是这个实施过程的计划文书，有鲜明的计划性。

3. 创新性

策划是一种思维的革新，有创意的策划才是真正的策划。这也是策划与一般计划的主要区别，策划书在内容与形式上都会体现出这一特性。

4. 预测性

策划具有前瞻性、预测性，是一种可能实现的目标，因此，对未来的判断既有理性的推断，同时又存在着不确定的风险。

(三)活动策划书的格式与写法

表格式策划书的写作比较灵活，没有固定的文体结构。文字式策划书的文体结构一般包括标题、正文、落款三大部分，有时还有附录。

1. 标题

标题就是策划书的名称，尽可能具体地写出策划名称，一般由单位名称、活动内容、文种三部分组成。如《××学校"环保在你身边"活动策划书》《××公司 20 周年庆典活动策划书》。

2. 正文

活动策划书的正文书写没有固定的格式，往往根据活动特点灵活选用正文内容。一般来说，有以下几部分：

(1)活动背景。

这部分首先应根据策划书的特点选取内容进行重点阐述。具体项目有：基本情况简介、主要执行对象、近期状况、组织部门、活动开展原因、社会影响，以及相关目的、动机等。其次应说明问题的环境特征，主要考虑环境的内在优势、弱点、机会及威胁等因素，对其做好全面的分析(SWOT 分析)，将内容重点放在环境分析的各项因素上，对过去、现在的情况进行详细的描述，并通过对情况的预测制订计划。如环境不明，则应该通过调查研究等方式进行分析和加以补充。活动背景要求紧扣时代背景、社会背景与教育背景，使其鲜明体现在活动主题上。

(2)活动目的及意义。

活动目的即活动举办要达到一个什么样的目标，应用简洁明了的语言将目的要点表述清楚。活动意义包括经济效益、社会效益与媒体效应。活动目的与意义要与活动背景一致，突出该活动的核心构成或策划的独到之处。活动目标要具体化，并需要满足重要性、可行性、时效性。

(3)活动开展流程。

活动开展应包括活动流程安排、奖项设置、时间设定等。活动流程安排大致可以分为三个阶段：

①活动准备阶段(包括海报宣传、前期报名、赞助经费等)；

②活动举办阶段(包括人员的组织配置、场地安排情况等)，需注明开展活动的阶段负责人、指导单位、参加人数等信息；

③活动后续阶段(包括结果公示、活动开展情况总结等)，如有涉及校园卫生、环境

等情况，应及时处理(涉及奖项评定标准、活动规则的内容可选择以附录的形式出现)。

作为策划的核心部分，表述方面要力求详尽，不仅仅局限于用文字表述，也可适当加入统计图表、数据等，便于统筹。对策划的各工作项目，应按照时间的先后顺序排列，绘制实施时间表有助于方案核查。人员的组织配置、活动对象、相应权责及时间、地点应在这部分加以说明，执行的应变程序也应该在这部分加以考虑。

一般来讲，活动开展过程中需要考虑到的具体环节有会场布置、接待室、嘉宾座次、赞助方式、合同协议、媒体支持、校园宣传、广告制作、主持、领导讲话、司仪、会场服务、电子背景、灯光、音响、摄像、信息联络、技术支持、秩序维持、衣着、指挥中心、现场气氛调节、接送车辆、活动后清理人员、合影、餐饮招待、后续联络等。写作中这部分内容要根据实际需要自行调节。

(4)所需资源及经费预算。

列出所需人力资源、物力资源，包括使用的地方，如使用活动中心都详细列出。可以列为已有资源和需要资源两部分。活动的经费预算要尽量符合实际花费，各项费用在根据实际情况进行具体、周密的计算后，用清晰明了的形式列出。

(5)活动中应注意的问题及细节。

内外环境的变化，不可避免地会给方案的执行带来一些不确定性因素，因此，当环境变化时是否有应变措施、损失的概率是多少、造成的损失多大等也应在策划中加以说明。

(6)活动负责人及主要参与者。

注明组织者、参与者姓名、单位(如果是小组策划应注明小组名称、负责人)。

3. 落款

在策划书的最后，注明策划者及策划时间。

三、范文评析

【例文】

微电影活动策划书

微电影(micro film)，即微型电影，又称微影。微电影是指专门在各种新媒体平台上播放的、适合在移动状态和短时休闲状态下观看的、具有完整策划和系统制作体系支持的具有完整故事情节的短片，内容融合了幽默搞怪、时尚潮流、公益教育、商业定制等主题，可以单独成篇，也可系列成剧。

通过“微电影”的准备、拍摄等一系列的过程，使同学们能够跟紧时代的脚步，进一步丰富同学们的文化生活，营造积极向上、格调高雅、健康文明的文化氛围。同时，也给同学们提供一个锻炼自己的机会和一个展示自己的舞台，提高创新能力，培养团队协作意识，不断提高自身全面素质。

此次，我们举办这个活动就是为了让大家在课余生活中，找到自己的快乐与激情。通过时下最流行的一种传媒方式来向社会展示我们大学生的学习、生活、情感，让我们与社会的距离更加亲近。让大家在这种文化氛围中发挥自己的灵感，用自己的切身感受来诠释我们大学生在社会集体中的位置与目标。同时也希望大家在这样的环境中健康快乐地成长，用自己的行动来一起构建××学院这个和谐的校园，展现我院的校园文化。

一、活动名称

“精彩职院，幸福随拍”

二、活动主题

“展现微创意，发现真善美”

三、活动目的及意义

(1)丰富校园文化生活，培养同学们自主创新的能力。

(2)激发大学生的主人翁意识和责任感，弘扬真、善、美。

(3)为那些身怀绝技的同学提供一个展现自己才艺的平台。

(4)提高大家的想象能力、创新能力、动手能力，提高人文素质。

(5)通过微电影的方式让大家产生一种心灵上的共鸣，让校园的精神文明建设更加完善。

四、主办单位

信息与智能工程系团总支文艺部

五、活动对象

湖北工业职院全体学生

六、参赛须知

1. 作品及参赛要求

作品主题选择范围：

①生活的意义；②关注心理健康；③创建和谐环境；④尊师重教；⑤人际情感；⑥宣传学校、班级、寝室文化等关于创建和谐校园的主题。

2. 参赛形式

视频拍摄类：用手机、相机、DV、摄像机等拍摄制作视频，通过一个有条理、有感情线索的微型电影或者短片来表达自己的主旨。微电影作品格式：wmv/avi/rmvb/Mp4(注：非以上格式请自行转换)。

注：选手必须对自己的微电影进行解说(设计的内容、设计的原因、设计的目的等，限时五分钟)。

3. 征集日期

2019年5月2日—2019年5月18日

PS：电子作品请发送到xinxishijianbu××××@163. com

官方微博：新浪微博：湖北工业职院微电影　关注交流QQ：3126××××

模板：优酷网搜索：湖南机电职院《故事，写到这》

4. 决赛日期

2019年5月28日晚上7：00—9：00

5. 评分细节

A. 创意好，整体效果佳。

B. 有创新性，构思新颖。

C. 内容丰富，不空洞，不拖沓。

D. 作品突出主题，能很好地启发观众，能引起共鸣。

E. 有较高的制作效果，刻画形式多样，流露出真情实感。

F. 演绎生动，能深刻表达电影内涵或主题，能打动人心或者风趣幽默。

七、活动过程

(一)前期准备

(1)联系宣传部打出一张高质量的海报放在南区食堂前进行宣传。

(2)联系学院的摄影协会，为此次活动提供技术支持。

(3)联系商家，与赞助商合作。

(4)面向全院大一各班进行宣传。

(5)在南区食堂门前摆点报名。

(二)活动开展

(1)5月5日—5月18日：收集作品，组织人员审核，对作品进行筛选，将那些与活动目的相违背的作品进行淘汰。

(2)5月20日：我们会将进入决赛的名单张贴至各系寝室楼。

(3)5月28日：将在学院会议中心举行决赛。

(三)活动后期：

(1)我们将做好各方面的总结。

(2)我们将上传优秀作品到信息与智能工程系的网站上去。

八、经费预算

名称	单价(元)	数量	合计(元)
宣传单	0.15	400张	60
宣传横幅	100×3+280×1	4幅	580
邀请函	2	4张	8
证书	8	12张	96
奖金：		12项	1170
合计：	1914		

九、奖项设置

最佳电影奖：1名——证书和200元

最佳导演奖：1名——证书和120元

最佳剪切奖：1名——证书和100元

最佳男女主角奖：2名——证书和200元

最佳人气奖：1名——证书和200元

最佳创意奖：1名——证书和100元

优秀奖：5名——证书和250元

十、评选规则

(1)第一轮评选，通过评委评分选出排名前20名的作品，作为入围作品。

(2)第二轮评选，通过评委评分，对20部作品进行第二轮评分，排名前10名的作品进入下一轮评选。

(3)第三轮评选，通过评委评分，对10部作品进行评分，排名前7名的作品进入下一轮评选。

(4)第四轮评选，评委商量评选出最具创意奖一名。

(5)第五轮评选，评委对剩下6部作品进行评分，按分数由高到低分别为一等奖一名、二等奖两名、三等奖三名。

(6)最佳人气奖将由微博转发量最高者获得。

(资料来源：例文选自 http://www.doc88.com/p-7344372215731.html，有所改动。)

四、注意事项

(一)主题要单一

在策划活动的时候，首先要根据组织单位本身的实际问题和市场分析情况作出准确的判断，并且在进行SWOT分析之后提取出最重要的、最值得推广的唯一一个主题。这样才能把最想表达的信息充分地传达给目标群体，才能引起受众群体的关注并让人容易记住。

(二)活动要集中

策划的活动不在于多而必须围绕主题进行，不然很容易导致主次不分，难以达到预期的效果。而且太多的活动，不仅要投入更多的人力、物力和财力，直接导致活动成本增加，还容易出现操作人员执行不力的情况，最终导致策划案的失败。

(三)安排应周密

策划活动的安排应该详细。活动的时间、方式、地点、人员等情况都必须进行仔细的分析，在具体安排上应尽量周全。还要考虑外部环境(如天气、民俗)的影响。

(四)表述忌主观

在进行策划活动前进行市场分析和调查是必要的。同样，在策划书的写作过程中也应该避免主观想法。策划案没有付诸实施，任何结果都会出现，策划者的主观臆测可能会直接导致执行者对策划案的模糊理解。

五、写作实训

为了丰富大学生活，营造互助互爱、团结友爱的寝室氛围，××大学团委、学工处联合举办“校园寝室文化节”，通过丰富多彩的活动，增进同学之间的了解，深化友谊，并展示自己的特长和才艺。请你以活动策划方的身份分析该活动策划书应包括哪些内容，并拟写一份校园寝室文化节活动策划书的提纲。

☞ **知识链接**

除了活动策划书以外，还有一种商业策划书，主要包括广告策划书、产品策划书、公关策划书、营销策划书、企业形象策划书、宣传策划书、项目策划书、创业计划书、危机策划书等。

项目十　总　结

☞ 学习目标

- ◆ 掌握总结的含义、种类及特点。
- ◆ 掌握总结的格式及写作要求。
- ◆ 培养学生的总结意识和反思能力。
- ◆ 精讲多练，培养学生自主学习能力。

一、情境导入

《论语》里有一句话，“告诸往而知来者”，意思是说能够举一反三，告诉他过去的事情，他就能找到规律，从而推知未来的事情。要成为一个能够从过去推知未来的人，就要善于总结过去，从总结中寻找规律。

“前事不忘，后事之师”，总结能够指导人们的实践工作不断地向更高级的阶段发展，无论是个人还是单位，只要能够经常地、自觉地、正确地总结实践经验，就能够在实际工作中取得较好的成效。

小李是智能工程学院计算机应用技术专业大二的一名学生，同时他也是该学院学生会的主席。临近学期末了，学院的学生会也面临着换届，作为学生会主席他需要以学生会的名义写一份学生会的年度工作总结。好在小李平时很注意积累工作中的过程性资料，并注重学生会各部门工作资料的归档。在查阅了相关资料和请教老师之后，他决定按照时间顺序把学生会的全年工作分成几个阶段去写，并依次对每个阶段的工作情况进行总结分析。在写作的过程中重点写到了学生会这一年工作上所取得的成绩经验，同时也写出了存在的问题。这份工作总结的最后他还提出了学生会今后工作的打算以及针对工作中的失误应该采取的改进措施，并阐明了今后工作努力的方向。学生会换届大会上，小李的总结内容具体实在、有理有据，语言准确生动、简明朴实，这份总结获得了领导、老师及同学们的一致肯定。

二、知识梳理

(一)总结的概念

总结是指党政机关、社会团体、企事业单位或个人对其前一阶段内的工作、学习、生活等实践活动进行全面、客观的回顾、分析和评价，并从中找出经验教训，评估得失，并将其条理化和系统化从而引出规律性的认识，以便用以指导今后的实践活动而形成的一种文书。

(二)总结的分类

1. 按总结的性质分类

按照性质不同，可将总结分为专题总结和综合总结。

(1)专题总结，又称单项总结，往往是针对某一项工作任务或活动的情况进行总结，尤以总结推广成功经验为多见，例如《利群集团2017年销售工作总结》。

(2)综合总结，又称全面总结，是对某一阶段或时期各项工作的全面回顾和检查，进而总结经验与教训，例如《欣欣公司2017年年度工作总结》。

2. 按总结的内容分类

按照内容不同，可将总结分为工作总结、教学总结、学习总结、科研总结、思想总结、项目总结等。

3. 按总结的范围分类

按照范围不同，可分为个人总结、单位总结、行业总结、地区总结等。

4. 按总结的时间

按照时间不同，可将总结分为月份总结、季度总结、年度总结、(一年以上的)阶段总结等。

(三)总结的特点

1. 真实性

总结是对过去本地区、本单位或自身实践活动再次理性认识的过程，必须用事实说话，它的观点提炼必须以材料的真实性为前提，离不开典型事例和确凿数据的恰当而准确的使用。既不能夸大事实，一味拔高，也不能回避问题，避重就轻。客观真实是总结最突出的特点。

2. 理论性

总结不是对已经完成的工作事实的简单复述，也不是对工作实践过程和情况的表面反映。其目的是将学习、工作等实践活动中获得的零散的、感性的、表面的感受，并上升为系统的、本质的理性认识和表述通过回顾、检查过去的实践活动，概况和揭示其内在规律，从而对今后的实践活动进行指导和借鉴。

3. 概括性

总结的对象是前一阶段或时期已经发生的实践活动，对于这段时间范围内的活动要有整体的认识和评价。总结通过对以往实践活动的成绩与失误的充分挖掘及其根源的深入剖析，肯定成绩，找出问题，并从中概括出经验和教训，为下一阶段的工作提供参考和明确工作方向。

(四)总结的格式

总结一般由标题、正文、落款三部分组成。

1. 标题

总结的标题写法多样，根据内容的需要，可采用不同的形式，常见的有：

(1) 内容+文种，如《工作总结》。

(2) 时间+文种，如《季度总结》《年度总结》。

(3) 时间+内容+文种，如《2018 年销售工作总结》。

(4) 单位+内容+文种，如《北京市人口普查总结》。

(5) 单位+时间+内容+文种，如《京华公司 2016 年财务工作总结》。

(6) 文章式的标题：分为正、副标题。

正标题写总结的内容，副标题是单位+时间+总结，如《全面推进政务公开促进经济社会发展——中共××市委宣传部 2017 年工作总结》。

2. 正文

总结的正文部分通常由前言、主体、结尾三部分组成。

(1) 前言。这一部分是总结的开头，简明扼要地介绍总结对象的基本情况，使人们对总结的时间、背景、事情的主要经过和结果有个总体印象和初步了解。这部分在结构上有领起下文、奠定基础的作用，有利于主体部分的充分展开。

(2) 主体。这是总结的核心内容，包括的具体内容如下：

①成绩经验。这是总结的重点部分，也是需要加以概括、提炼的部分。这部分内容一般用明确的数据和典型的有说服力的事例来说明前期的实践活动或工作成绩及原因，并总结出规律性的认识。一般要写明做了哪些工作，或者完成了哪些任务，采取了哪些方法和措施，成绩如何取得的。这部分内容的写作要有理有据、叙议结合。

②问题教训。这一部分的内容在总结中也很重要，工作中取得成绩固然重要，但类似错误的避免更应格外关注。要对工作中存在的不足和问题进行实事求是的分析，找出主观或客观原因并充分概括，说明得到的教训和体会，为日后工作提供参考。

(3) 结尾。这部分是针对前几部分的写作内容即总结已有成绩和问题的基础上说明今后工作、活动的打算，针对工作中的失误和教训应采取什么改进措施，阐明日后工作努力的方向，内容要具体、实在。

我们在写作总结正文的时候可以根据自己的需要选择不同的结构形式，比如：总分式、两部式和阶段式。

(1) 总分式。这种形式适用于综合总结。写作时按照总结内容的逻辑顺序，将工作分为若干方面，将每方面工作的特点加以提炼归纳后分成若干条展开论述。在阐述每方面的特点是将做法、成绩、经验、教训有机结合，突出重点，点面结合。

(2) 两部式。这种形式适用于内容单一、主题单纯的总结。写作时分成两部分写作，从工作或活动的基本情况概述和经验体会两方面写。第一部分主要回顾前期工作或活动中完成了哪些任务，采取什么措施，取得哪些成绩；第二部分主要分析归纳，总结工作或活动的经验并找出其中的规律性的认识。

(3) 阶段式。这种形式适用于周期长、阶段性明显的工作或者实践活动总结。在写作时按照时间顺序或事件发展的先后顺序安排写作内容，把整个工作或实践活动分为几个阶段，并依次对每个阶段的情况进行分析总结。这种形式便于全面清晰地了解整个周期的工作或实践活动的整体情况及各个阶段工作或活动的特点。

3. 落款

落款包括署名和成文日期。在总结正文的右下方，写上总结单位的全称或个人的姓名，如在标题中或标题之下正中的位置已署名，此处可省略。最后在落款上加盖公章。

三、范文评析

【例文一】

2016年大学生暑期三下乡实践活动总结

2016年7月5日上午，数学系40名学生在系党总支书记××、党总支副书记××以及团总支等几位老师的带领下前往历史文化名城、中原水城——睢县，参加三下乡社会实践活动，追忆党的光辉历程，以深刻体会“三个代表”重要思想的伟大精神实质，牢固树立社会主义荣辱观。

首先，我们到达睢县县委县政府，受到了当地领导的热烈欢迎和热情接待，并召开简短见面会。在会议上，睢县宣传部××部长做了重要讲话，介绍了睢县的总体概况，并分别谈了农业、工业、教育等各项事业运转情况及经济状况。睢县具有较多的久负盛名的历史文化古迹，许多景点已成为旅游胜地，尤其是被誉为“中原水城”的北湖，已成为体育交流的平台。在这里曾多次举办省级、国家级大型体育运动。××部长对我们寄予厚望说：“青年充满朝气活力，青年富有豪情壮志，所以青年应珍惜把握这次机会，发扬艰苦奋斗的精神，勇于到基层参加实践、体验生活，以实际行动实践这次人生成长中不可多得的机遇。”这一席话，使同学们深受鼓舞。

其次，我们去了睢杞战役烈士陵园，在雄伟宏大的睢杞战役英灵纪念碑前，我们进行了庄严肃穆的入党誓词宣誓，力争从思想上、行动上积极向党组织靠拢，成为时代发展的领头兵，精神文明的带头人，进而来缅怀已逝的英雄。随之，我们参观了睢杞战役事迹陈列馆，在解说员带领下，我们了解了豫东战役的整个过程。在睢杞战役中参战部队不怕疲劳、不怕伤亡，英勇善战，抒写了一篇军民一致对敌的辉煌历史，涌现了一大批值得人民永远怀念的英勇将士，尤其是共和国第一将——粟裕，他的勇敢和敏锐的觉悟、无私的奉献，不仅点燃了我们的信念，也鼓舞了我们的士气，他们的英勇事迹将一直会影响着我们，感染着我们，激励着我们。

最后，我们到睢县城隍敬老院慰问演出，给他们带去了慰问礼品，带去了我们自编自演的诸多文艺节目。我们以热心真情的表演，表达了我们最真挚的祝福；我们给老人收拾衣物、梳头，和他们唠家常，让他们切实感受到我们诚心的关怀和问候，他们舒心的微笑让我们内心感到温暖。我们的青春活力给他们带来了无限生机，我们的热情照顾让他们感受了温暖的爱心。离别时真是难舍难分，他们个个脸上那两行浑浊的热泪，将成为我们心中永远的牵挂，经历了这种场面，才深知人间真情是何等的难割难舍。

通过这次活动，我们不但了解了睢县的风土人情，更重要的是我们有了许多人生感悟，丰富了我们的人生阅历，提高了我们认知社会的能力，教育我们思索人生价值，增强了我们奉献爱心、播撒温暖，为社会公益事业献一分力量的信念。我们牢记了社会主义荣辱观的内涵，把其具体要求体现在学习和实践中，并用实际行动实践“三个代表”重要思想，顺应党服务社会、走向农村的号召。进而全面提高了同学们的综合素质，打牢了人生成长进步的根基。

数学系

2016 年 7 月 6 日

（资料来源：该案例来源于应届毕业生网，https：//www. yjbys. com/resumemaker/show-191757. html，有改动。）

评析：这份大学生暑期三下乡实践活动总结没有小标题，作者采用总分式结构从头到尾围绕主题来写作，分若干自然段，全文脉络清晰，突出重点。整个行文一气呵成，将自己参加实践活动的所思所想叙述出来。

【例文二】

增强安全交通意识　提高自我保护能力

——××职业技术学院“安全教育日”活动总结

4 月 15 日是全民国家安全教育日，今年我校的主题是“增强交通安全意识，提高自我防护能力”。我校利用这一有利时机，开展了丰富多彩的活动，大力宣传了交通安全的重要性，提高了全体师生对交通安全重要性的认识，增强了大家的自我防护意识。

一、领导重视，狠抓活动落实

学校成立了“安全教育日”活动领导小组，院长任组长，分管副院长主抓落实，院团委活动安排，制订计划，总结经验。同时配套完善了各项规章制度，各项活动都做到了定时间、定内容、定责任人，有计划、有安排、有过程记录、有经验总结。完善了过程管理和档案资料管理，总结了经验教训，促进了活动的有效开展。

二、科学组织，先进思想做指导

在“安全教育日”活动中，我们始终以马克思主义、毛泽东思想、邓小平理论和“三个代表”重要思想为指导，以安全教育为核心，以“增强交通安全意识，提高自我防护能力”为重点，用大家喜闻乐见的形式，大力开展丰富多彩的宣传教育活动。

三、广泛发动，活动丰富多彩

(1)宣传展板、影像进校园。

为了以直观的形式向全体师生宣传交通安全的重要性，我校主动与交警部门联系，将鲜活的展板摆到了校园，并利用周一至周五的时间，分班级观看《全国道路交通事故典型案例警示录》的 VCD。那一幅幅惨烈的交通事故画面，一件件真实的交通事故案例，一个个鲜活的生命瞬间消亡，令全校师生深受教育，感受到生命是如此的美丽、可爱与脆弱，感受到由于一时的失误导致生命转瞬即逝带来的惨痛教训和启示。师生们受益匪浅，都表示为了他人和自己的健康幸福，一定要遵守道路交通安全法，提高交通安全意识，并将教育自己的亲人，真正做到了交通安全从身边做起。

(2)文明交通志愿者走上街头，助岗值勤。

开学以来，我校在各班开展了一系列的安全教育活动。先后进行了紧急疏散演练、优秀团支部评比等活动，有效提高了学生的安全意识。“安全教育日”活动期间，学校又结合当前形势，开展了“同走平安路”活动。利用一周时间，对全体师生进行了交通安全宣传、训练。同时成立了由院青年志愿者组成的“文明交通志愿者”。学校统一定做了服装，聘请交通警察进行了专门培训，并在周六、周日走上街头与交警一起站岗值勤。志愿者们头戴小红帽、手持小红旗，在街头宣传交通安全知识，指挥行人穿越马路，文明纠正违规行为。炎炎烈日下，学生们顾不得擦去脸上的汗水，认真履行着自己“交通志愿者”的职责，成为××城区一道亮丽的风景线。他们的文明行为获得了市民们的一致赞许。过往行人纷纷表示：孩子们都做得这么好，我们一定要做得更好。

(3)安全知识讲座深入人心。

为了加强对师生的交通安全教育，提高师生的交通安全意识，确保交通安全。4月12日下午我校邀请交警大队张大队长在学校的运动场开展道路交通安全知识讲座。张队长首先介绍了《道路交通安全法》的几个概念，然后结合我市的公路现状讲解了识别交通信号的知识，分析了我市道路交通的现状，并结合自己在交通事故处理中的所见所闻，以案说法，向师生们讲解了预防道路交通事故的可行方法。最后我校的“交通志愿者”在王警官的带领下展示了交通指挥信号手势。

通过这一系列的活动，同学们深刻认识到维护良好交通秩序的重要性。他们纷纷表示要与亲朋好友一同努力，共同维护良好的交通秩序，创建安全、文明的校园环境、为我们××市创建全国文明城市营造安全、有序的交通环境作出自己的努力和贡献。

××职业技术学院

××××年××月××日

(资料来源：引用自耿云巧、马俊霞主编：《现代应用文写作》(第二版)，清华大学出版社2010年版，内容有改动。)

评析：这是一篇专题性活动总结。标题为双标题，其中正标题为文章式，直接解释了本次活动的中心思想，内容简洁，一目了然，实为画龙点睛之笔；揭示了该总结的中心思想简洁明了，一目了然，起到了画龙点睛的作用；而副标题为公文式标题，对主标题起补充说明的作用。

该总结的正文包括前言和主体两部分。文章第一段即为前言，内容高度概括，直接介绍了本次活动的背景和取得的成效。正文主体部分采用条文式结构，按照主次顺序把主要内容分成三部分来写。有层次、有条理。每一个部分都提炼出一个关键句，点名该部分的中心，叙议结合，有分析、有归纳。语言朴实易懂，而又不失文采。因为是对活动的经验总结，所以没有提及教训和不足之处。最后在总结的结尾部分也指出了今后活动的努力方向。

四、注意事项

(一)详略得当，突出重点

总结并不是事实材料的简单堆积，它需要对材料进行分析、研究进而归纳出观点。其目的是通过对以往实践活动的回顾、检查，将零碎的、表面的感性认识上升为全面的、本质的理性认识，以理清工作中的成绩和失误，找出规律性的认识，明确今后工作的努力方向，同时也为上级领导或部门提供决策依据。

无论哪种类型的总结，都要先弄清写作的具体目的，以确定其主题和内容的侧重点，应把具有典型意义且有利于证明观点的材料进行详细书写，具有一般意义的材料要简单书写，切忌主次不分。

(二)实事求是，彰显特色

总结起着回顾过去、指导未来的作用，因此其写作必须坚持实事求是的原则。不管在对过去实践活动的回顾、检查中发现了怎样的问题，都必须客观地从中总结出经验和教训，以便更好地指导将来的工作，避免类似问题重复出现。一份好的总结是制订新的计划或者做出科学决策的重要依据。只有建立在真实、丰富材料基础上的总结，才有其理论、指导意义。此外，在撰写总结时，无论是单位还是个人都应从工作实际出发，努力挖掘工作或实践活动中新鲜的、有个性的东西，比如新的成绩、新的经验、新的认识等，要注意彰显出工作特色，切忌年年重复。

(三)叙议结合，语言得当

总结旨在从工作或实践活动中提炼出有价值的经验性的东西。因此，总结的写作就是一个由具体到抽象的过程，它决定了在总结中材料来说明观点，观点去统率材料的写作思路，这也就决定了总结的写作要叙述与议论相互结合的表达特点。

随着现代社会生活节奏的加快，无论是写哪一种文种，应力求简短，总结也不例外。总结的语言要力求朴实、简洁。朴实就是要求语言朴素、不浮夸、不用华丽的辞藻，内容要通俗易懂。简洁就是要求简明扼要，不拖泥带水。

五、写作实训

(一)病文修改

以下是一位同学写的课程学习小结，你能发现存在的问题吗？请指出来并加以修改。

课程学习小结

家庭医生这门课是我本学期选择的选修课。这一学期的学习让我学到了许多与我们生活密切相关的医学保健知识。课上的每一个案例都是很好的学习教材。我们课堂上看过的案例有如何正确养胃、如何预防和缓解颈椎病、怎么判断自己是属于哪种体质、四季简单养生常识；等等。

家庭医生这门选修课是一门形式多变、活泼的课。上课的形式主要以小组为主，有时自由组合、有时抽签、有时老师随机分配。我们还有以辩论赛的形式上课，同学们每次课还可以提前找一个案例，由任课老师来负责答疑等。这些多种形式的授课方式使我们每个同学都有高度的积极性，大家都能在愉快的课堂气氛中真正学习实用的知识。

我认为家庭医生课是我最喜欢上的一节课，因为每一堂课老师都能用不同的形式授课，而且能把我们的主动性和积极性调动得起来，课堂气氛也很活跃，是我最希望上的课。我认为秦老师的课堂是快乐的课堂，他的教学方式是学生们最喜欢的让人感觉快乐的教学方式，是一个集学习与娱乐于一体的课堂。真的好希望所有的课都能像秦老师的家庭医生选修课一样，有愉快的课堂，而且所讲到的知识都能被学生牢牢地记住。感谢秦老师让我有这么愉快的课堂体验！

程××

2019 年 6 月 10 日

(二) 写作实训

请阅读下列一篇总结(节选)，为其拟订恰当的小标题，力求精练。

××大学深圳大运会志愿者工作总结

在已经结束的深圳大运会中，××大学以高度的社会责任感、使命感和紧迫感，积极主动、有条不紊，扎实推进志愿服务工作。通过不懈的努力和采取多种措施，本次的志愿服务工作取得了显著的成果。秉承“奉献、专业、坚韧、进取、包容、友爱”的志愿服务精神，××大学的400多志愿者齐心协力、不负众望，圆满完成了本届大运会的志愿服务工作。现将有关情况总结如下：

一、(   )

为保证本次志愿服务工作顺利进行，我校领导高度重视，充分发挥我校的专业人才优势、组织优势和政治优势，于××××年××月××日成立了以学校党委书记××担任顾问、校长××担任组长的大运会志愿者工作领导小组。通过整合学校优质资源，并积极调动各方力量确保做好本次大运会志愿服务工作。为此，我校成立了专门的领导小组下，并下设志愿工作小组，由校党委副书记××担任组长。比赛期间，我校主要领导曾多次亲临大运会，慰问志愿者们。

二、(   )

我校认真贯彻落实大运会志愿者指挥部的工作部署，通过周密组织，高效有序推进我校志愿者招募工作。通过精心组织志愿者招募宣讲会、笔试面试等方式，最终选拔了196名志愿者。他们服务经验丰富、综合素质高、语言能力强。还组建了大运会小语种志愿者团队，积极配合新华社××分社招募选拔100名官方通讯社即时引语志愿者。为保证服务质量，我们的志愿者主要从高年级选拔，他们中很多人具有海外学习经历和亚运会、亚残运会等大型赛会服务经历。此外，我校组建了大运会电话多语言服务中心，其中的翻译任务全部由我校学生担任，比赛期间为大运会贵宾、技术官员、工作人员提供近10个语种的电话热线翻译服务。另外，我校还派出了60名学生担任××市外办见习生志愿者，30名同学担任大运会火炬手翻译志愿者。

三、(　　　　　　　　　　　　　　　　　　　　)

为提升志愿者的专业素质和综合素质，更好地服务大运会，我校还对参与赛事服务的所有志愿者进行了系统的培训，包括志愿者心理调适、志愿者媒体应对、志愿者外事礼仪及国家安全等通用的培训。在××月××日举办了志愿服务誓师动员大会，会上校领导××为参与赛事服务的全体志愿者做了动员讲话。同时，我们还协助大运会组委会各部门开展志愿者岗位专业培训，并结合学校自身的专业办学特色，开设小语种日常用语培训，并组织相关人员编写了10个语种日常会话读本，方便志愿者工作使用。

四、(　　　　　　　　　　　　　　　　　　　　)

赛会期间，为保证志愿服务的质量，体现志愿者的素养，我们还选拔了一批经验丰富的带队老师全程参与和指导志愿者的服务工作。这些优秀的老师和志愿者们一起以良好的精神面貌、饱满的热情、优质专业的圆满完成了大运会的各项工作任务。与大运会组委会外联部共建深圳大运会电话多语言服务中心，提供10个语种24小时电话热线翻译，构筑“语言服务的最后一道防线”。同时，为给前线的志愿者们提供全方位的服务和保障，学校还临时成立了志愿者赛时指挥中心，并设立了宣传组、新闻组、安全组等，还配合本次大赛编印了《志愿者工作手册》。

五、(　　　　　　　　　　　　　　　　　　　　)

为进步宣传大运会和我校的志愿服务工作，学校主页上设立了深圳大运会专栏，并建立大运会志愿服务专题网站，随时报道和更新大运会的赛事和志愿者的事迹。营造关心、支持大运会，激励关怀志愿者的浓厚氛围，进一步推动我院大运会的志愿服务宣传工作。赛会期间，我校建立了专门的大运会志愿者报道平台，每天实时向志愿者们推送当天的新闻、大运会知识、志愿者心灵鸡汤等内容，累计发布快讯30条，发送总人次数超过1900，成为志愿者的动力平台和心灵加油站。

(资料来源：例文选自 https：//mr. baidu. com/d36pu7y，有所改动。)

(三)拓展训练

请结合自己的实际情况，完成以下任务中的一项：

1. 撰写一份上学期学习总结。

2. 如果你是某班级、社团、院级或校级学生干部，请结合自己的工作情况撰写一份学生干部工作总结。

3. 假如你最近在学校里组织或参加了某项学生活动，请撰写一份关于该活动的个人总结。

☞ **知识链接**

个人述职报告与个人工作总结的联系与区别：

1. 述职报告与总结的相同之处

两者都可以谈经验、教训，都要求材料真实并与观点紧密结合。从某种程度上说，个人述职报告可以借鉴总结的某些写作方法

2. 述职报告与总结的不同之处

述职报告与总结的不同之处主要体现在理论方面和实际写作过程的不同。理论方面的不同具体如下：

(1)概念不同。述职报告是机关负责人就任职一定时期内所做工作向任命机关或机关群众进行汇报并接受审查和监督的陈述性文案。它是伴随着人事管理制度和改革而出现的一种新文体，也是考察干部履行职责情况，以及是否称职的一种手段。而个人工作总结则是个人对做过的某一阶段的工作进行系统的回顾、分析，从中找出收获、经验教训及带有规律性的认识的一种事务文书。

(2)目的和作用不同。除了在概念上不同以外，述职报告和个人工作总结行文的目的和作用也不一样。述职报告是群众评议组织、人事部门考核述职干部的重要文字依据。不仅有利于述职者进一步明确工作职责，总结成功经验、吸取失败教训、提高自身素质、改进工作方法，还有利于增强单位内部间民主监督的良好风气。而个人工作总结则是通过对以往实践活动的回顾、检查，将零碎的、表面的感性认识上升为全面的、本质的理性认识，以理清工作中的成绩和失误，找出规律性的认识，明确今后工作的努力方向，同时也为上级领导或部门提供决策依据。

(3)回答的问题不同。述职报告要回答的是有什么职责，履行职责如何，是如何履行职责的。称职与否等问题。既要表述履行职责的结果，展示履行职责的过程，又要介绍履行职责的出发点和思路，还要申述处理问题的依据和理由。个人工作总结是对一项工作或一段时间里的工作进行的归纳。它回答的问题是做了哪些工作，有哪些成绩，取得了哪些经验，存在哪些不足，要吸取什么教训，今后有何打算等问题。

除了以上涉及的三点理论方面区别以外，在实际写作操作过程中，还有以下三个方面的不同：

(1)写作侧重点不同。述职报告必须以报告履行职责情况、报告德才能绩为主，重点在于展示履行职责的思路、过程和能力，重点和范围有确定性，仅限于职责范围之内，职责范围外的概不涉及，并围绕职责这个基点精选材料。个人工作总结一般以归纳工作事实、汇总工作成果为主。重点在于阐述主要完成了哪些任务，取得了怎样的成绩都可以归纳在总结之中。

(2)结束语不同。述职报告与个人工作总结在结构上大致相同，仅在结尾部分有所区别。述职报告结束时一般在指出存在的问题后，表明自己的态度，并欢迎大家对自己的述职报告进行评议。写作时常用"以上报告请批评指正""述职至此，谢谢大家""专此报告，请审阅"等语句。而个人工作总结在写作时指出存在问题后，还要写出下一步的工作打算、努力方向及解决问题的措施。

(3)表达方式不同。述职报告则采用夹叙夹议的方式，运用叙述和议论，还辅以适当

的说明。既表述履行职责的有关情况，又说明履行职责的出发点和思路，还要申述处理问题的依据和理由。总结主要运用叙述的方式和概括的语言不要求展示工作过程，只需归纳工作结果。

项目十一　请　示

☞ **学习目标**

- ◆ 掌握请示的概念和特点。
- ◆ 掌握请示的结构和写法。
- ◆ 能够根据要求撰写规范的请示。

一、情境导入

李××高职院校毕业两年，两年间，他刻苦努力、勤奋工作、勇于创新，以过硬的业知识，熟练的工作技能和良好的工作业绩深得公司高层的赏识，年仅23岁就已经荣升为某工艺品制作公司一车间的生产主管。一段时间以来，李××通过自己的学习摸索，发现如果对公司生产线其中的一个环节进行一定的技术改造，不仅生产的产品工艺水平能得到显著提高，而且还能大大提高生产效率。尽管改造技术并不复杂，他完全可以自己承担这个任务，但涉及工艺改造必须公司上级部门批准，也需要一定的经费投入。于是，他决定给上一级有关部门呈交一份工艺改造的请示。

二、知识梳理

(一)请示的概念

请示是用于向上级机关请求指示、批准的一种上行公文。

使用请示一般有以下几种情况：

(1)涉及方针、政策界限等方面的重大问题，请求上级给予明确具体的解释；

(2)在工作中遇到疑难问题，请求上级给予指示；

(3)工作中遇到新情况，需要上级支持；

(4)本单位意见分歧，需上级做出裁决；

(5)超出本机关职权处理范围的一切事项，如机构设置、人员编制、重大奖惩、财政支出、资产购置等；

(6)因情况特殊，难以执行上级的统一规定，需要灵活变通处理的问题；

(7)其他按上级规定应当请示的问题。

（二）请示的特点

1. 请求性

这一特性是“请示”的使用范围决定的。只要本机关、本部门权限范围内无法决定的重大事项，以及在实际操作中遇到的新问题、新情况而又没有明确依据可循的时候，本单位、本部门都可用“请示”行文，请求上级机关就有关问题给予指示、决断或答复、批准。这种祈请上级机关的特性，就是请求性。

2. 求复性

请示是针对具体问题或具体事项而写的上行文。它不仅仅向上级反映问题，而且还需要上级就相关问题的处理意见给予答复。因此，上级机关对呈报的请示事项，无论同意与否，都必须给予明确的“批复”回文。

3. 单一性

请示的单一性主要表现为：其一，请示内容上的单一性，即一文一事。其二，主送单位的单一性。请示一般只写一个主送机关，即使需要同时报送其他机关，也只能用抄送形式。

4. 时效性

请示必须事前行文，等待上级批复后才能付诸行动。如果在事情得到解决后行文，则没有任何意义。

（三）请示的分类

根据内容和写作意图的不同，请示可分为三类：

(1)请求指示的请示。这类请示多涉及政策上、认识上的问题，即多是无章可循、不理解、不明确的事，或想变通处理的事，需上级给予明确的指示。

(2)请求批准的请示。这类请示主要用于下级机关针对某些具体事宜向上级机关请求批准的事项，目的是为了解决如人力、财力、机构等方面的实际困难和具体问题。

(3)请求批转的请示。当下级机关就某一涉及面广的事项提出处理意见和办法，需各有关方面协同办理，但按规定又不能指令平级机关或不相隶属部门办理时，就需上级机关审定后批转执行，这时所用的文书当是此类请示。

（四）请示的结构和写法

请示一般由标题、主送机关、正文、发文机关、日期五部分组成。

(1)标题。请示标题必须规范化。标题首先要标明“请示”这个文种，同时要用请示的“事由”去限制，说明是关于什么问题的请示。例如《中国烟草总公司关于设立卷烟销售公司的请示》，这个标题就目标集中，规范明确。

(2)主送机关。请示的主送机关要明确，只能写一个主送机关，且多根据机关的隶属关系和职权范围来确定。受双重领导的要向直接领导机关请示，不要齐头报送，以免造成误会；或双方都不批，贻误工作；或双方都批而意见不一，难以执行。有些明知直接上级机关无权决定，而须由更高一层领导机关解决的问题，也应逐级上报，不能越级请示。

(3)正文。请示的正文包括事由、事项、结语三个部分。

①事由。请示的事由需要写在正文的开头，主要内容是提出请示的原因、背景和依据。这部分的写作内容需反映出请示事项的必要性，对背景的分析需透彻，理由需充分，依据应科学、合理。另外，用语也应以简洁明确为要。

②事项。请示事项部分是全文的核心。请示事项的写作需做到对情况的描述全面具体，对问题的表达切实客观，对问题的解决手段和方法应提供可行性较强的方案。下级机关在考虑解决方案时，可在请示中提供多个方案供上级从大局出发择优而取。如果请示的事项比较复杂，则需要分清主次来写，有必要的话可以分自然段写。如果请示内容简单，则可以不分段。

③结语。请示中常用的结语有："以上请示，请批复""以上意见是否妥当，请批示""妥否，请指示""特此请示，请批复(请审批、请核批)"。不同类型的请示应恰当地选用不同的结语。

三、范文评析

【例文一】

××生态有限公司关于建立花卉技术创业园的请示

区政府：

我区属于亚热带季风性气候，气温特点是"冬无严寒，夏无酷暑，水热同季，无霜期长，雨量充沛"，平均气温15°C，最高气温29°C，适宜多种植物生长。目前，我区有观赏植物126种，野菜50种，野花34种，但缺少人工培养花卉。根据我区"十二五"规划的总体部署和"十二五"期间市科委关于大力开展花卉技术的规划，我公司拟在本区温泉度假村西侧建立花卉技术创业园，报注册资金500万元，公司实行董事会领导下的总公司负责制。

以上请示妥否，请予批准。

××生态有限公司

二〇一七年一月二十日

评析：这是一份请求批准的请示，申请部门拟设立子公司，请求区政府批准。请示缘由是基于对区域自然环境和区域政策的了解，辅以数据说明，有理有据，提出明确申请事项，也提出了详细方案，为上级部门提供翔实的决策依据。

【例文二】

××房地产集团关于艺术家纪念馆工程被拆迁人补偿费用的请示

区国土资源局：

根据市规划委《关于做好开发建设艺术家纪念馆工程项目的决定》(×规委〔2008〕

98号)精神，我公司开展第一期工程，在艺术家纪念馆工程新址进行拆迁工作。该工程位于本区西南，拆迁范围为麦子桥外至西连路北，东西长300~320米，总占地面积410亩。为了在占地面积上顺利进行拆迁工作，观特向区国土资源局申请该地区被拆迁人使用权补偿价格(区位价)。

特请批示。

××房地产集团

二〇一八年九月一日

评析：这是一份请求指示的请示，首先引据市规划委的文件，陈述拆迁背景，之后提出请求事项，这个事项是请求上级指示，而不是请求上级批准，所以文末结束语是“请批示”，而不是“请批准”。语言表达简洁，理由充分，有严密的逻辑性。

【例文三】

关于申请紧急增加轨道交通工程监督人员的请示

厦建工〔2015〕126号市政府：

我局于8月18日收到《厦门轨道交通集团有限公司关于厦门市轨道交通工程机电施工项目质量安全报监事宜的请示》(厦轨道〔2015〕117号)，请求我局协调明确厦门市轨道交通工程各机电施工项目的质量安全监督单位。目前，我市轨道交通工程建设已全面展开，按照相关规定，轨道交通工程每3公里应配备质量安全监督人员1名。厦门市建设工程质量安全监督站作为我市轨道交通工程的质量安全监督机构，其轨道交通工程专业监督人员编制数量远远达不到规定要求，轨道交通专业监督人员严重短缺，已远远无法满足轨道交通工程质量安全监督工作需要。为此，特向市政府申请紧急增加相关编制和专业监督人员编制。具体理由如下：

一、目前，厦门市轨道交通1号线一期工程已全面铺开，相关机电设备工程也将于9月份陆续进场施工。机电设备工程属专业性较强的系统工程，厦门市建设工程质量安全监督站缺乏相关专业监督人员，已影响到地铁质量安全监管任务的承接。

二、除厦门市轨道交通1号线外，2号线也已开工建设，3号线将于年内动工，4号线计划明年上半年动工，其他线路也将陆续开工建设。目前，厦门市建设工程质量安全监督站轨道交通专业监督人员配备已远远无法满足轨道交通工程质量安全监督工作的需要，特别是无轨道交通机电设备工程专业监督人员。

三、轨道交通工程是我市头号重点建设项目，也是我市的百年民生工程。如厦门市建设工程质量安全监督站无法及时配备足够的轨道交通工程专业监督人员，则我市轨道交通工程的监督工作无法得到保证，百年民生工程的质量安全无法得到可靠的保证。

鉴于我市轨道交通工程建设的需要，和厦门市建设工程质量安全监督站人员编制的现状，特紧急请求市政府批准增加轨道交通工程专业监督人员编制，并使人员尽快到岗实施监督工作。

妥否，请批示。

厦门市建设局

2015 年 9 月 2 日

（资料来源：厦门市建设局网站，http：//js. xm. gov. cn。）

评析：这是一篇请求批准的请示。该请示的理由充分，情况、事实非常清楚，在实事求是概述事实的基础上很自然地提出请求事项，能使上级机关明确该请求事项的必要性和急迫性，因而是一份写得比较好的请示范文。

四、注意事项

请示是非常重要的一个公文文种，使用频率高，其写作更直接关系到发文者行文目的是否达到、发文愿望是否得到满足等现实问题。对写好请示，我们有必要了解并力避以下诸多写作禁忌点：

(1)事前不请示，“边斩边奏”或“先斩后奏”。请示的最大特点就是“请求性”，即针对工作中出现的“新”与“难”的问题而请示上级，希望得到上级的支持帮助，使问题得以解决。同时，“请示”这一文种的设置，还包含有请批手续的意思，即上级制定相关的规章制度，使下级于工作中有章可循，必须按章请示，否则，就是违规违章。因此，事前不请示或“边斩边奏”或“先斩后奏”都是不允许的。

(2)行文标题有误。实际运用中，请示的标题很易写错，错误的类型大致有三种：

第一种是“请示报告”式。例如“××关于固定资产折旧出售的请示报告”，就是误将“请示”写成为“请示报告”，是文种使用上的一种混乱，应把“报告”去掉。

第二种是“申请(请款)报告”式。例如“××局关于更新锅炉设备的请款报告”“××市财政局关于申请追加广播事业费预算指标的报告”。这两例都把“请示”写成了“报告”，尽管貌似以“申请”“请款”替代为“请示”，但落脚点还是在“报告”上，没能很好地表达“请求指示和批准”的内涵。应分别把“请款”“申请”去掉，把“报告”改为“请示”。

第三种是“申请——请示”式。例如“××教育局关于申请追加教育经费的请示”，就是对概念做了无意义的限制，用“申请”限制“请示”，重复多余，应把“申请”去掉。

以上三种类型的错误，具有一定的普遍性，尤其是一些基层单位写的请示，这类错误更多，应引起重视。

(3)多头主送、越级主送或主送领导个人。公文行文规则规定：请示只报一个上级机关，抄送有关机关(不含下级机关)，不得多头上报，不得越级上报，不得主送领导个人。

多头主送、越级主送或主送领导个人，这是请示行文中易犯的错误，这种行文上的错误体现在写作上，将直接导致公文主送机关的误标。主送机关写得不正确，犹如南辕北辙，接到这种请示的有关上级要么彼此推诿，互相扯皮，造成公文旅行；要么束之高阁，不理不睬；要么将请示打回让发文单位重写。不管是哪种结果，都会影响工作。

(4)请示缘由不充分。

请示是一种“说服”的艺术，凡请示总是希望得到上级的批准、同意或指示。亚里士多德说过：“蠢人用他知道的道理说服我，智者用我知道的道理说服我。”同样道理，拟写请示的缘由时也不能只从本机关、本单位的立场出发去考虑问题，还应该用换位思维的方式来陈述理由，即善于站在上级机关和首长的角度，从全局出发来考虑问题，争取用上级的道理说服上级，以求得到预期的答复。

具体说来，可从四个方面着手：一要写出客观需要，使上级机关感到请示事项有尽快解决的必要性；二要写出已具备的一定条件，使上级感到请示事项有解决的可能性；三要写出亟待解决的问题的程度，使上级机关有尽快解决请示问题的紧迫感；四要写出恳切的语气，使上级机关能够同意而尽快批复。

(5)事项不明确、不正确、不具体。请示事项回答的是"请示什么"的问题，如果表述不明确、不具体，要么使上级机关不知所云，无法批复；要么不能引起上级机关的重视，耽误工作。

(6)多事一请示。请示要一事一请示，一文一事，不要把多个事项都列入一个请示当中，否则，就会由于诸多请示事项难易不一、性质不同、多头管理而互相牵扯，影响上级快速及时批复。

(7)结语缺失或结语不当。请示结语在请示写作中并非是可有可无的，其作用是在陈述请示缘由、表明请示事项的基础上，更进一步地强调请求的目的，敦请上级指示或批准。谦和恳切的请示结语有助于强化请示的语体特色，同时也能使上级乐于尽快批复。

另外，请求拨款的应附预算表；请求批准规章制度的，应附规章制度的内容；请示处理问题的，本单位应先明确表态；正式印发请示送上级机关时，应在文头注明签发人姓名等，也是请示写作中应该注意的事项。

五、写作实训

(一)病文修改

关于要求解决教职工宿舍等问题的请示

市人民政府、市教育局：

我校今年由于住校教职工急剧增加，已有的职工宿舍已无法容纳，现在住校教师基本上是一个房间三个人睡，严重影响教师工作。为解决这一困难，我校决定再建一栋职工宿舍楼。另外，我校体育馆也不符合《普通高等学校体育馆设施、器材配备目录》的要求标准，望上级部门给予适当支持。

特此请示，请回复。

××省二职

2018 年 12 月 15 日

(二)写作实训

××职业学校要在暑期修缮教学大楼，经费缺口较大。请你代××职业学校向市教委要求增拨房屋修缮经费 35 万元。

☞ **知识链接**

请示与报告的区别

请示和报告都是上行公文，常常被混淆使用，但实际上是有明显区别的。

一是行文目的、用途不同。这是两类文种最基本的区别。请示旨在请求上级批准指示，需要上级审批，重在呈请：报告是向上级汇报工作、反映情况，提出意见或建议，答复上级询问，一般不需上级答复，重在呈报。

二是呈送时间不同。请示需要事前行文，不能“先斩后奏”；报告一般在事后或者工作进行过程中行文。这正如平常工作中所说的“事前要请示，事后要报告”。

三是主送机关不同。请示一般只主送一个直接上级机关。不宜多头、多级主送，以免因任不明成者互相推诿影响办文效率和质量，即使是受双重领导的机关、单位上报请示，也应根据内容分别写明主送、抄送机关，以根据主次分清承办责任，由主送机关负责答复请示的问题。而报告有时可多级多头主送，如情况紧急需要上级领导机关尽快知道的灾情、疫情等等。

四是受文机关处理方式不同。请示均属承办件，收文机关必须及时处理，明确作答，限期批复；报告多属阅知件，除需批转的建议报告外，收文机关对其他报告都不可作答复。如果把请示误写为报告，就可能因不同处理方式面误时误事。

五是涉及内容不同。请示用于向上级机关请求批准、指示，凡是下级机关、单位无权处理、无力解决以及按规定应经上级机关批准认定的问题，均可写为请示。由此可将请示分为请求指示的请示、请求批准的请示和请求批转的请示等三类，其中第一类多涉及法规政策上、认识上的问题，第二类多涉及人事、财务、机构等方面的具体事项，而报告按其内容可分为向上级汇报工作的工作报告、反映情况的情况报告、提出意见建议的建议报告、答复上级询问的答复报告、报送文件、材料或物品的报送报告。

六是写作重点不同。请示和报告虽然都要陈述、汇报情况，但报告的重点在汇报工作情况，报告中不能夹带请示事项；而请示中陈述情况只是作为请示原因，即使反映情况所占篇幅再大，其重点仍在请示事项。

七是文面结构形式不同。请示多采用篇段合一式、三段式或总分条文式结构篇幅一般较短。报告常用总分条文式、分部式或贯通式(多段式)结构，篇幅一般较长。

正因为有上述区别，绝不能把请示误用为报告，也不能写为请示报告。

项目十二　通　知

☞ 学习目标

- ◆ 掌握通知的概念和分类。
- ◆ 掌握通知的结构特点和格式要求。
- ◆ 能够根据有关要求撰写规范的通知。

一、情境导入

小赵是××职业院校机电工程学院学生会的宣传委员，学院党总支决定在近期举办纪念五四青年节的歌咏比赛，领导要求他为此次活动草拟一则通知，号召机电工程学院全体学生积极参与本次活动。那么，通知到底该如何写作呢？

二、知识梳理

（一）通知的概念

通知是党政机关、企事业单位、社会团体向特定受文对象告知或转达有关事项或文件，让受文对象知道或执行的公文。

（二）通知的分类

1. 发布性通知

发布性通知适用于上级机关发布一般行政法规、条例、办法等文件。

2. 指示性通知

上级或职能机关对下级或平行机关的某项工作有所指示或规范，要求办理或执行，而根据公文内容又不适于用命令或指示时，用指示性通知。

3. 批示性通知

批转下级机关的公文，或转发上级机关、平行机关和不相隶属机关的公文，用批示性通知。

4. 人事任免通知

上级机关在任免下级机关的领导干部或上级机关的有关任免事项需要下级机关、相关机关周知时，用人事任免通知。

5. 事务性通知

上级或职能机关需要下级或相关机关周知或办理有关事项时，适用事务性通知，如启用印章、成立以及调整或撤销某个机构、催报材料或报表、变更作息时间等。

（三）通知的特点

1. 使用范围的广泛性

由于通知承载着很多不同的功能，所以它在党政机关中广泛使用。通知一般情况下为上级机关对下级机关或有关单位发文，它的内容涉猎很广，上到传达中央重要指示、精神、方针政策，下到反映基层单位的日常事务等，都可以用通知行文。

2. 写作方法的灵活性

通知的写作灵活自由，形式上多种多样，篇幅也可长可短，长可数千言，短则三言两语，如一些发表上级重要指示的通知，可以是长篇，而一些转发性质的通知，通常只有一两句话；在写作内容上，通知没有固定的模式，有的写一件事，有的则涉及几个问题；在语言表达上，通知语气平缓，不拘一格，比较灵活。

3. 受文对象的确指性

通知多是针对具体单位或人员来发文，且一般为下级机关或有关人员，因此受文对象确指性较强。

4. 发文功能的指导性

作为一种晓谕性的公文，多数通知都有着或多或少的，或直接或间接的指导作用，体现着上级机关的意志，有的通知还直接写明要求下级机关办理事务的原则及方法等，因而它带有一定的约束力。

5. 发文效果的时效性

通知是一种时效性很强的文体，其所列事项一般都要求及时办理，不容有拖延，尤其是一些重要的会议通知、干部任免通知等，只在一定时间内有效，如果不及时办理，就会出现重大失误。

（四）通知的结构与写法

通知主要由标题、正文组成，但由于其写法和使用灵活，所以各种类型的通知写法也不尽相同。下面介绍各类通知这两部分的写作方法：

1. 标题

通知的标题有完全式和省略式两种情况，完全式标题是指标题当中包含公文标题的三要素，而省略式标题则根据需要省略除文种“通知”外的一项或两项要素。具体说来，通知标题通常有四种形式：

（1）完全式标题，由发文机关、事由和文种三部分组成，如“××市教育局关于加强中小学生思想道德教育的通知”。

（2）省略发文机关，由事由和文种组成，如“关于中国证券监督管理委员会列入国务院直属事业单位序列的通知”，这个标题便省略了发文机关“国务院”。一般来说，省略发文机关有两种情况：一是标题太长，二是发文机关众所周知，非常明显。但有的时候，发文机关是不能省略的，那就是两个以上单位联合发通知，这时必须写明联合发文的所有机关。

(3)发文机关和事由全部省略，只写文种“通知”。这样的通知一般使用范围很小，常见于基层单位所发的事务性的通知或一般性会议通知。

(4)省略标题中冗长多余的“关于”“通知”等词汇。通知的标题应简洁明了，但在一些转批、转发类的通知中，由于所转的通知里面已经含有“关于”“通知”等词汇，如果这时再按照正常的标题结构去写，势必出现标题超长，且内容重复、啰唆的情况。如：“××县人民政府关于转发《××市人民政府关于转发〈××省人民政府关于转发农业部关于加强农田水利建设的通知〉的通知》”，这个标题涉及的机关有四层，结构也有四层，如果完全保留各种信息的话，不仅内容很长，且读起来也非常别扭，让人不好理解。这时，可以省去多余的“关于”“通知”，只保留末次发文机关和始发文机关就可以。据此，上面的标题可以改为“××县人民政府转发农业部关于加强农田水利建设的通知”，这样就使标题简洁、清楚了。

需要补充说明的是，批转、转发类的通知，需要在标题中加“批转”“转发”等字样；特殊情况下的通知还应在标题中“通知”的前面加修饰语，以示强调。如果通知的事项很重要、很紧急，则要标明“重要通知”“紧急通知”，如果是几个单位联合发文，则写为“联合通知”。如果是对前发文有所补充，则写为“补充通知”。

2. 正文

通知的正文主体主要包括缘由、事项、要求三部分，其中事项部分是重点。这三部分可用“三么”来概括，即“为什么做”“做什么”“怎么做”，具体写法也因通知种类不同而变化。

(1)指示性通知。

正文一般由缘由、事项和执行要求三部分组成。

①缘由。这部分主要是阐述下达该通知的背景、原因、意义等，要求概括准确、简洁明了、理由充分。一般写完缘由后还要用“特作如下通知”“特通知如下”等承接语加以过渡，引出通知事项，使行文流畅。

②事项。这部分要详细交代要求受文对象办理的事务及具体的实施步骤、方法等。

③执行要求。这是通知正文的结尾，要有很强的针对性，且要做到简洁有力。一般常用的结尾有：“以上事项，请认真贯彻执行”“望结合当地实际情况抓紧贯彻落实”等；也有的进一步提出“执行中有什么问题和经验，请及时反馈”或“请将贯彻执行情况于×月×日上报”等具体要求。

(2)发布性、转发性、批转性通知。

这类通知一般都有附件，即批转或转发、印发的文件或材料。在此类通知中，附件与正文共同构成通知的整体，不可分割，当批转或转发公文的时候，实际已经表明了发文机关对所批转或转发公文的认同或推荐，因此二者是一体的，都是发文机关意志的体现。

发布性、转发性、批转性通知的正文，一般包括发文的缘由、对附件的评价(即批语)、有关意见和要求等内容。这三类通知标题当中一般有“印发”“转发”“批转”等字样，篇幅短小。

(3)事务性通知。

事务性通知依据事务种类的不同而有不同的写法，正文要求文字简练、准确。但总的说来，同样要遵循“三么”原则，写清楚行文的目的、理由、意义和具体事项。有时因为事务简单，可省略发文的意义和理由等项目。下面介绍常用的两种通知：

①会议通知。会议通知在各级党政机关和企事业单位行政事务中运用非常广泛，一般紧急、临时、小型的会议可以口头或其他形式通知，但一些重大的、正式的等不宜用电话和其他形式通知的重要会议，事先要用正式文件通知。

会议通知要写得具体，很多要素不可或缺。一般会议通知包含的要素有：召开会议的机关或单位(部门)，召开会议的原因、目的、会议名称、会议基本内容、会议的起止时间、会议地点、参加会议的人员、需要准备的相关材料以及交通食宿和报到时间、地点等。

②学习通知。在日常工作中，本单位或上级部门经常下达一些学习任务，如通知学习上级某个报告、文件、某篇文章或先进典型事迹等。撰写这类通知时，要重点写清学习的内容、学习的意义，以及学习的重点和精神实质、安排学习的时间、方法、步骤、组织领导等。此类通知和会议通知很相似，只是具体内容不同。它要求内容周密、语言准确、表述清楚。

(4)任免性通知。

任免性通知写法较单一，格式也相对固定。只需将何时、何种会议、何种原因作出任免何人、何种职务的决定就可以了。有时，直接写明任免职事项，省去任免理由。

此外，通知的结语没有固定的模式，需根据不同种类而定。一般的通知以“特此通知”作为结尾，有的通知则在文末提出希望和要求，作为结语。

三、范文评析

【例文一】

国务院办公厅关于印发
国务院2019年立法工作计划的通知

国办发〔2019〕18号

各省、自治区、直辖市人民政府，国务院各部委、各直属机构：

《国务院2019年立法工作计划》已经党中央、国务院同意，现印发给你们，请认真贯彻执行。

国务院办公厅

2019年5月1日

（资料来源：http://www.gov.cn/zhengce/content/2019-05/11/content_5390676.htm。）

评析：这是一份批转下级机关文件的通知。仅仅只有一句话，由批转文件和批示语组成，批转的文件即需执行的内容，批示语简洁明确，但却具有行政约束力。

【例文二】

“第五届中国海洋公共管理论坛”会议通知

2018 年的新一轮政府机构改革，进行了许多重大制度创新，对海洋管理的相关职能配置与机构设置也进行了较大幅度的调整。在新的制度架构下，如何进一步提升我国海洋治理体系与治理能力现代化水平，进一步推进海洋强国建设，需要学界同仁贡献学术智慧。“中国海洋公共管理论坛”在相关院校的大力支持下已经成功举办四届。2019 年，中国海洋大学国际事务与公共管理学院、中国海洋大学 MPA 教育中心、青岛市公共管理研究会将继续秉承前四届论坛的主旨和议题，举办“第五届中国海洋公共管理论坛”，以进一步凝聚研究共识，提升研究质量，为我国海洋公共管理学的研究搭建良好的学术交流平台。论坛现向国内外相关高校、科研机构、政府相关管理部门进行征文，进行学术交流。

论坛相关信息如下：

一、主办单位：中国海洋大学

承办单位：中国海洋大学国际事务与公共管理学院

中国海洋大学 MPA 教育中心

青岛市公共管理研究会

二、论坛主题：新时代海洋治理的变革与创新研究

三、论坛具体议题与分论坛：

1. 海洋公共管理基本理论与方法研究

2. 国家海洋治理体系与治理能力研究

3. 海洋管理体制改革与创新研究

4. 中国参与全球海洋治理研究

5.“21 世纪海上丝绸之路”与海洋命运共同体研究

6. 海洋生态环境治理研究

7. 海洋国土与空间规划研究

四、论坛时间、地点与主要议程：

时间：2019 年 6 月 15 日(周六)下午报到

2019 年 6 月 16 日(周日)论坛召开

地点：山东省青岛市(具体地点另行通知)

主要议程：

1. 6 月 15 日晚：成立论坛理事会和秘书处

2. 6 月 15 日晚：成立论坛学术委员会

3. 6 月 16 日上午：大会主题发言(拟邀请的发言专家为鲍静教授、丁煌教授、杨宏山教授、胡键教授等)

4. 6 月 16 日下午：分组发言与讨论

5. 6 月 16 日下午：论文发表研讨(拟邀请的期刊为《中国行政管理》《公共管理学

报》《中国人口·资源与环境》《太平洋学报》《社会科学》《海洋开发与管理》《中国海洋大学学报》等)

五、论坛征稿事项:

1. 参会回执及论文提交截止日期:2019 年 5 月 20 日

2. 论文要求:作者围绕论坛主题及相关议题,自拟题目。文章字数为 8000~12000 字,符合学术规范。

3. 投稿邮箱:hai××××××××@126.com。

4. 论坛组委会将组织专家对您提交的论文进行审核。若通过审核,我们将向您发放邀请函。论坛结束后,论文将结集成册,公开出版。

(1)拟定出版物名称:《海洋公共管理论丛(2019 年卷)》。

(2)拟定出版社:人民出版社。

(3)拟定出版日期:2019 年 12 月。

5. 每位论文收录作者将免费受赠论丛一册。论丛不收取版面费等其他任何费用。论坛亦不收取会务费、资料费等其他费用。

六、联系方式:

联系人:王印红 top×××.wang@126.com

王刚 wgang××@163.com

崔野 cui_××@163.com

联系地址:青岛市崂山区松岭路 238 号 中国海洋大学国际事务与公共管理学院(266100)

(资料来源:中国海洋大学国际事务与公共管理学院网站。)

评析:这是一篇会议通知。正文开头简要说明了写会议目的和会议名称。文中承起语后,写了会议的议题、时间、主要议程、联系方式及有关注意事项,其中论坛的征稿事项特别清楚详细。文章层次分明,语言简洁清晰。

四、注意事项

(1)不可滥发通知。通知作为一种下行文,从其发文的性质来看,多少带有指示性,所以使用时,要区分对象。平行机关之间,或下级向上级行文时,就不能使用通知,而要选择其他如“函”“请示”等其他种类的公文。

(2)通知的种类很多,使用时应注意不同种类通知的规范。如批转性的通知不能写成转发性的。

(3)注意篇幅,该详则详,当简则简。指示性的通知和会议通知内容要尽量详尽周到;印发通知、转发性通知、批转性通知及任免性的通知则要相对简约。

(4)通知事项必须清楚明确。要明白无误地提出工作的任务和要求,切忌泛泛而谈,让人不得要领。

五、写作实训

(一)病文修改

国务院关于发布《国家行政机关公文处理办法》的通知

各省、自治区、直辖市人民政府，国务院各部委、各直属机构：

现发布《国家行政机关公文处理办法》，自 2001 年 1 月 1 日起施行。1993 年 11 月 21 日国务院办公厅发布，1994 年 1 月 1 日起施行的《国家行政机关公文处理办法》同时废止。

二〇〇〇年八月二十四日

(二)写作实训

××学校旅游商贸学院学生会最近决定和扶贫点黄龙村组织一次联谊活动，为了广泛而深入地征询大家的意见和建议，共同搞好这次活动，要求各班的文艺委员于 10 月 9 日中午 12 点 30 分到 3301 教室集合开展交流讨论。请你为旅游商贸学院的学生会主席李××草拟一则会议通知。

☞ **知识链接**

通知的演变

通知一词在古代连用的时候，指“完全了解”“全都知道”等意，用作公文名称较晚，自秦汉到明清乃至北洋军阀政府统治期间，官府之间有事互相告知，或者上级机关告知下级机关，所使用的公文均无“通知”这一名称，1942 年，国民政府为了消除公文体制上的混乱，在此前 5 次公文调整的基础上，做了新的变动，公布了新的《公文体式条例》，在这次变革中，取消了原来的“咨”和“任命状”，增加了“通知”和“报告”，这是我国第一次将“通知”用作公文名称。

1949 年，华北人民政府发布的《公文处理暂行办法(草案)》，把“通知”正式列为行政公文名称，其适用范围是：“对于特定事项或特定机关人员，通知以必须知照之事项，用通知。”中华人民共和国成立后，1951 年 9 月 29 日，政务院颁布的《公文处理暂行办法》中未将“通知”列为独立的文种，而是附在“通报”之后，但在实际工作中，“通知”却被广泛使用。

1957 年开始，“通知”被正式确定为正式公文文种。此后，国务院办公厅 1981 年 2 月发布的《国家行政机关公文处理暂行办法》以及 1987 年 2 月发布的《国家机关公文处理办法》都将“通知”列为主要文种，至今未变。

项目十三　通　报

☞ 学习目标

◆ 掌握通报的概念和分类。

◆ 掌握通报的结构特点和格式要求。

◆ 能够根据要求撰写规范的表彰性通报。

一、情境导入

日前，山东省文化和旅游厅对外发布《关于2018年全省旅游信息化工作情况的通报》(以下称《通报》)，对全省旅游信息化工作突出的单位进行通报表彰。

据了解，自2018年起，山东省开展了全省旅游网络营销优秀案例申报及评选工作，省文化和旅游厅每季度均收到全省各市申报的大量旅游网络营销优秀案例，为全面提高山东省旅游网络营销水平积累了经验，发挥了典型示范带动作用。《通报》指出，根据四个季度优秀案例申报情况，山东省评选出了2018年度全省市级旅游管理机构网络营销十佳优秀案例、县(市、区)旅游管理机构网络营销十佳优秀案例和旅游企业网络营销十佳优秀案例，并予以通报。

《通报》提出，2018年山东省各市新媒体运维水平进一步提高，积极顺应时代潮流，开通了政务抖音号、企鹅号，完善新媒体矩阵，在提供旅游信息公共服务、开展旅游网络营销方面发挥了重要作用。微信方面，淄博、烟台利用“齐风秋韵摄影大赛”“我为鲜美家乡喝彩　点赞鲜美时刻”等活动，有效拉动了粉丝互动；微博方面，济南、青岛注重发布旅游攻略类文章，为游客提供实用性指南信息，受到网友好评；抖音方面，临沂、滨州将当地旅游资源与抖音热门音乐结合，打造爆款视频；头条号方面，济南、日照发文数量、阅读数量均取得不错成绩。省文化和旅游厅给予以上城市通报表彰。

二、知识梳理

(一)通报的概念

通报是“适用于表彰先进，批评错误，传达重要精神或者情况”的知照类公文，属于下行文。

(二)通报的分类

根据通报的适用范围，可将其分为如下几类：

1. 表彰性通报

表彰性通报用于表扬先进人物和先进集体的事迹，树立榜样，宣传典型，总结成功经验。

2. 批评性通报

批评性通报用于批评错误，通报事故或反面典型，总结教训。

3. 传达性通报

传达性通报用于传达情况，沟通信息。具体表现为传达重要情况或上级重要精神，引起人们的警觉与注意，对当前的工作起指导作用。

(三)通报的特点

1. 真实性

通报的生命就是情况真实。通报的内容无论是反映情况，还是表彰、批评，都必须认真核实，准确无误，不允许有任何虚假成分。否则，会影响发文机关的威信，不能发挥通报应有的作用。

2. 典型性

通报的内容应当是典型事件或典型人物，或具有普遍意义的重要情况，以此来总结经验教训，教育干部群众，指导各方面工作。

3. 及时性

通报还具有指导现实工作的作用，因此在时间上要求对所发生的典型事件必须作出及时迅速的反应。

4. 倾向性

通报不仅要把事实清楚地写出来，而且应褒贬鲜明，表明发文机关的态度。表彰性通报，要号召学习先进，起到表扬激励的作用。批评性通报，要起到警示和惩戒作用。

(四)通报的格式与写法

通报一般由标题、主送机关、正文和署名等部分组成。

1. 标题

通报的标题与其他公文文种标题的格式大致相同，由“制发机关+事由+文种”三部分组成。张贴性通报可省略发文机关或事由，直接标出文种。

2. 主送机关

主送机关一般为直属下级机关，或需要了解该内容的不相隶属的单位。作为“内部文件”指定下发单位的通报，要标明受文机关。普发性或张贴性通报，可不写受文机关。

3. 正文

正文一般由开头、通报主体和结尾三部分组成。

(1)开头。开头要交代通报的目的或缘由，让人们从叙述中很快掌握事实梗概。

(2)通报主体。通报主体即通报的具体内容，主要分析事实所包含的意义。

(3)结尾。结尾即根据通报内容提出各类要求或希望，习惯以“希望引起大家的注意”“特此通报”等语句结束全文。

4. 署名

在正文后右下方标注发文机关的名称，如在标题中已出现发文机关，署名可不署发文机关。

5. 生效标志

在正文的右下方标明发文机关名称，加盖印章，写明发文日期。

三、范文评析

【例文一】

××省化工总公司党委关于
授予张××“优秀共产党员”荣誉称号的通报

各分公司党委、总公司党委各部门、各直属机构：

张××同志是××分公司所属天宏化工厂管道维修工人，共产党员，今年5月25日上午10时16分，该厂成品车间后处理工段油气管道突然爆炸起火，正在利用公休日清理夜间施工现场的张××被爆炸气浪猛烈推倒，头部、右臂和大腿等多处受伤，鲜血直流，鞋子也被甩出很远，在这危急关头，张××强忍剧痛，迅速爬起来，顾不得穿鞋和查看伤势，踩着玻璃碎片，冲入烈火之中，迅速关闭了喷放阀门、油气分层罐手阀、蒸汽总阀，接着先后用了十余个干粉灭火器扑救混胶罐等处的大火，在随后赶来的保安人员的援助下，共同英勇奋战十余分钟，最终将大火全部扑灭，避免了火势的蔓延。

张××同志在身体多处受伤、火势凶猛并随时可能发生更大爆炸的万分危急关头，将个人生死置之度外，果断处理突发事件，为控制火势蔓延，防止事故扩大，减少国家财产损失，作出了突出的贡献，他的行为体现了为保护国家财产和人民利益而置个人生命安危于度外的崇高精神品质，谱写了一曲保持共产党人先进性的正气之歌。

为了表彰张××的英雄行为和崇高的革命精神，总公司党委研究决定：授予张××“优秀共产党员”荣誉称号，将张××奋力灭火的英勇事迹通报全公司，晋升二级工资，并颁发灭火奖励10000元，以资鼓励。

希望各分公司党委、各直属机构组织广大共产党员和干部职工以张××为榜样，落实安全生产责任，努力做好本职工作，为化工行业的改革与发展作出更大的贡献。

××省化工总公司党委(印)

××××年××月××日

评析：这是一份表彰性通报，正文叙述张××的先进事迹，对该同志的行为作了恰当的分析和评议，目的句之后写决定事项，最后提出发文单位的希望号召，该通报注重将英勇行为上升到恰当的境界予以评议，全文结构合理，格式规范，语言通俗流畅。美中不足的是对事件过程的叙述不够简练。

【例文二】

关于近期建筑施工领域生产安全事故情况的通报

县、区人民政府、经开区管委会，市安委会有关成员单位：

2019年2月以来，我市接连发生2起在建工地生产安全事故，共造成4人死亡，1人受伤。

2月26日14时10分左右，安徽国泰建筑有限公司承建的一品江山11#楼地下车库施工工地，一台QTZ280塔式起重机在吊运钢筋过程中整体倒塌，造成3人死亡，1人受伤。

3月27日16时40分左右，恒大绿洲项目施工工地在进行拆模作业时造成1起生产安全事故，造成1人死亡。

上述2起事故的发生，充分暴露出一些企业主体责任不落实，属地监管和行业监管存在缺失。为深刻吸取事故教训，加强监管，落实企业主体责任，有效遏制建筑施工领域生产安全事故频发多发的态势，现将以上2起事故予以通报，并提出如下要求：

一、强化红线意识，压实安全责任。各县区、开发区、有关单位要牢牢坚守安全生产这条“高压线”，始终把安全生产摆在第一位，进一步落实好属地、行业监管责任，提升监管力度，严格督促本辖区、本行业内企业切实落实好安全生产主体责任，全面加强隐患排查治理、人员教育培训等工作，确保安全稳定。

二、紧盯关键环节，迅速排查整改。部分施工单位安全管理不到位，安全生产红线意识不牢，存在侥幸心理。事故单位总承包、专业承包、劳务分包界限不清、职责不明，存在以包代管、包而不管，建设、监理等单位对工程项目的安全管理缺乏有效监管，培训工作不到位，流于形式。各县区、开发区、有关单位要对各类非法违法建设情况迅速组织摸排，严查工程外包和劳务外包中存在的非法违法行为，排查一处，纠正一处，发现一处、查处一处。

此外，还要结合季节特点，督促企业强化用电、用火、员工宿舍、有限空间等安全管控。

三、强化执法检查，着力消除隐患。各县区、开发区、有关单位要紧盯危险化学品、非煤矿山、烟花爆竹、金属冶炼、建筑施工、道路运输、消防、旅游、城镇燃气、人员密集场所等薄弱环节，采取日常检查与专项检查相结合，“双随机”与“四不两直”相结合的综合检查手段，对本辖区、本行业内所有生产经营单位实行全覆盖检查，对发现的问题要建立隐患、责任、整改“三清单”，所有隐患要实行闭环整改。要严格执法手段，对符合停产、停业、停电要求的，坚决执行到位，将存在重大安全隐患而拒不整改的企业纳入安全生产诚信“黑名单”管理，合理运用联合惩戒机制。让安全生产违法行为无处遁形、受到惩罚，达到惩处一处，警示一片的效果。

四、加强宣传培训，强化警示教育。各县区、开发区、有关单位要深度推进安全生产宣传教育培训，推进安全生产知识普及。要对企业“三级”安全教育开展专项督查检查，确保企业班班受警示，人人受教育，切实提高广大从业人员安全生产意识，全力提升企业班组长以上人员的安全生产管理水平。

铜陵市安全生产委员会办公室

2019 年 3 月 28 日

(资料来源：铜陵市人民政府政务公开网，http：//zwgk. tl. gov. cn/openness/detail/content/5c9d6ad27f8b9ac03051b032. html。)

评析：这是一份情况通报，通报了铜陵市近期发生的建筑施工事故的情况，分别对两起生产安全事故做了简要的说明，并有针对性地对今后的工作提出了意见和具体要求，是一份非常规范的情况通报。

四、注意事项

写作通报的时候，要充分考虑这种文体的特性，因此真实和典型是写作时最起码的要求，另外还需要注意两点要求：

(1)注意时效性。

发通报的目的主要是为了交流，是通过先进典型或反面事例的宣传，使人接受教育，达到提高工作效率的目的，如果通报一些过时的事件，就会大大降低事件本身的典型性，同时也使得人们失去了接受的兴趣，因而也就达不到宣传交流的目的。就此而言，通报一定要贴近生活，依据工作实际，发现鲜活生动的例子，突出时效性的特点。

(2)注意用语分寸。

通报的用语要谨慎，要充分考虑通报发出后可能产生的后果，因此把握好一个合适的尺度十分重要。即要依据上级或有关法律法规的精神，对所通报的对象进行合理的定位，是表扬的，该表扬到何种程度；是批评的，该以何种方式进行批评。不能凭主观喜好进行褒贬，否则有失公允。另外，在遣词造句的时候，一定要做到客观公正，尽量少用一些文学性的语言，以免带有主观情绪，误导受众。

五、写作实训

(一)病文修改

(1)指出下面这篇通报有什么问题。

关于给予李××同学记过处分的通报

我校建筑工程技术专业一年级学生李××于 3 月 17 日在校外参与打架斗殴，造成两人受伤，严重违反校纪校规。为教育本人，经研究决定给予记过处分。特此通报。

××职业技术学院

5 月 23 日

(2)指出下面通报的错误并重写。

关于给予王××同学表扬的通报

我校艺术设计专业三年级学生王××数年如一日，长期帮助孤寡老人陈××。受到了社会各界的称赞。为表彰先进，决定给予王××同学通报表扬。

××职业技术学院

5 月 23 日

(二)写作实训

请拟写一份《××大学关于表彰 2019—2020 学年度优秀学生干部的通报》。

☞ 知识链接

通知和通报的区别

通知和通报虽然有共同之处，但从适用范围、目的、效果、事项构成和所提要求上看，二者是有一定区别的，具体有以下几方面：

第一，从适用范围上看，批转下级机关的公文，转发上级机关、不相隶属机关的公文，发布规章，传达要求下级机关办理和需要周知或共同执行的事项，任免和聘用干部，用“通知”。表彰先进，批评错误，传达重要情况，用“通报”。

第二，从目的上看，发通知是使受文单位了解发文单位要求做什么和怎么做，从而行动起来。发通报则是使受文单位了解某一重要情况或典型事件，从而受到教育。

第三，从效果上看，通知不允许任何一个受文单位在行动上有不同的表示(对特指单位的特例要求例外)，通报的效果则视受文单位情况的不同而有所不同。

第四，从事项构成上看，通知由要求受文单位做什么和怎么做两部分内容构成，一般直陈直述，不举例和议论。一些生疏或不易理解的事项，可以偶尔举个例子，但不是为了论证，而是为了把问题说得更清楚、更具体，便于受文单位理解和执行。但通报却不同，它由情况或事例构成，对情况或事例作简要的分析。

第五，从所提要求上看，两者有显著不同。首先是繁简程度不同。通知提出的要求比较简短，甚至只有一句话。通报提出的要求复杂些。至少要对受通报单位和非受通报的受文单位分别提出要求。其次，通知提出的要求是在通知形成时产生的，没有通知的出现就没有执行要求可言。通报的要求也可以在通报形成的同时产生，但它的精神属于再现性、强调性。这种再现性、强调性是与它的教育目的密切相关的。最后，要求的必要性有区别，有的通知要单独提出执行要求；有的也可不提要求，把事项写完就可以了；有的把执行要求写在通知事项中，这种写法如不妨碍对通知事项的理解也是可以的。但是通报则不然，情况性通报、批评性通报、表彰性通报都要提出要求，但是要求不能写在通报的事项中，只能写在通报的事项后，而且在内容上有严格的限制，即通报的要求必须是通报事项的内涵所引申出来的结论。超出通报事项的内涵所引申出来的要求是不合适的，必须加以避免。

专业模块

项目十四　广告文案

☞ **学习目标**

- ◆ 掌握广告文案的结构特点。
- ◆ 掌握广告语的特点和写法。
- ◆ 培养创新思维和原创意识。

一、情境导入

李××大学毕业后在某大学旁开了一家中型快餐店。开业两个多月，回头客不少，但是总体上看，生意没有想象中的好。什么原因呢？通过和顾客交谈，李××了解到，她开的这家店装修、服务、饭菜口味都没得挑，就是刚刚开业，位置有点偏，很多人不知道。“看来得打点广告了。”李××这么想着，就赶紧印制了大量传单，雇人在周边路口繁华地带派发，花钱在当地最畅销的报纸上打出广告，甚至冠名资助了旁边大学校园里的一个选秀大赛……没过多久，快餐店的生意一下子火爆起来。李××想，看来酒香也怕巷子深啊，不打广告还真不行呢！

广告对于个人或企业创业有着极大的作用，主要表现在三个方面：一能有效传递经济信息，激发购买欲望，促进购买活动；二能塑造商品、服务或企业的形象，使受众形成较为固定的品牌印象；三能沟通产销，扩大流通渠道，指导受众消费。

二、知识梳理

（一）概念

广告文案是广告作品中用来表达广告主题和创意的全部语言文字。广告文案不等于广告语（标语），也不等于广告文字方案（广告策划文本）或广告正文。一份完整的广告文案一般包括标题、正文、标语、随文四个组成部分。本章重点介绍商业广告文案的写作。

（二）特点

1. 明确性

广告的主题即广告的中心思想或基本观点必须明确、清晰，而不能模糊、抽象。主题应清晰易懂，主要是考虑到受众的实际需要和接受能力。广告主题一般通过标题直接体现，所以标题要恰如其分地表现主题，使读者一目了然。同时，新颖、独特的标题也可以使主题得到鲜明、深刻的揭示。

2. 针对性

针对性是指广告文案的制作要根据广告内容和广告受众的不同而进行相适应的变化。广告内容不同，则侧重点也不一样，比如服装广告，侧重在款式、质地等方面；食品广告则侧重在营养、口味等方面。广告的根本目的是说服和鼓动特定受众，还应针对受众的特点选用相应的表达内容和表达方式，比如对儿童和老人，对男士和女士，广告的内容和形式应该有区别。

3. 真实性

真实是广告的生命。内容真实的广告经得起时间和实践的检验，真正深入人心，为大众所接受和赞同。内容夸大其词或虚假宣传的广告，其真相一经发现则广告价值立即缩水甚至出现负效应。例如，在宣传一种新产品时，该产品的性质、特点、功用等内容都应该符合实际情况，而不能夸大或虚构。

4. 灵活性

广告文案是实用与艺术的融合，它既具有内容的真实性，又具有表现的艺术性，广告文案的表现方式、手法丰富多彩。在真实的基础上，广告文案的写作可以灵活使用文学作品的一些表现方式和手法，但应选用最佳艺术形式来表现内容。广告文案的文本形式凝聚了设计制作者的智慧。

（三）格式

一份完整的广告文案由标题、正文、标语和随文四部分组成。

1. 标题

标题体现广告的中心思想，在广告文案中起着统领作用，它一般位于整个广告文案的最前端或其他显著位置，用较大字号书写，要醒目、突出。其作用主要是：概括、提示正文主要内容；吸引读者阅读兴趣；直接推销产品。

广告标题设计形式有新闻式、疑问式、赞美式、祈使式、口号式、暗示式、提醒式等。新闻式标题如美容品牌阿玛尼的广告标题——“乔治·阿玛尼全线登陆中国”；问式标题如乐百氏奶的广告标题“今天你喝了没有”；赞美式标题如 XO 马爹利的广告标题为“非凡成就——XO 马爹利”；等等。这些形式都各具特色，应根据实际情况选用。

标题是否鲜明、突出、新颖、独特，直接关系到读者对整个广告文案的阅读兴趣效果，“题好一半文”。实践证明，无论是报纸广告、网络广告，还是电视广告、广播广告，绝大多数读者是在对标题一见钟情的情况下为广告所俘获。因此，在制作广告标题时，应充分考虑受众水平和需求，用富于内涵、充满创意、简洁醒目的标题来吸引、引导读者。

2. 正文

正文是广告文案的核心、主体，旨在对广告内容说明、陈述、解释。

正文主要体现广告的目的和内容，它一般有三方面的内容：对标题提出的商品或其他方面加以解释和说明；具体详尽地说明提供商品或其他方面的细节，使人信服，进而产生购买欲望或其他需求上的改变；最后是用热情洋溢的语言、真挚诚恳的态度打动读者。

具体而言，商品广告一般是介绍厂家的历史、生产规模、成就，以及商品制作工艺、商品的性质、特点、用途、质量、信誉等；劳务广告一般介绍劳务内容、形式、质量、态度等。

作为核心和主体，正文的内容既要求准确、具体，又要求生动、有力，用简洁准确的语言、无可辩驳的事实说服读者，用真诚热情的态度、新颖活泼的形式打动读者。

3. 标语

广告标语即广告语，又称广告词、广告口号，是为了加强公众印象，在广告中长期反复使用的一种简明扼要的口号式语句。广告标语是基于长远的销售利益，向消费者传达一种长期不变的观念。

广告标语可以出现在广告的任何位置，也可以相对独立出来，成为单独的部分，其常用形式有幽默式、情感式、赞扬式、许诺式、推理式、命令式等。幽默式广告语如某美容院广告语“立即下斑，禁止痘留”，利用谐音，读来令人忍俊不禁；情感式广告语如威力洗衣机广告语“威力洗衣机，献给母亲的爱”，主打亲情牌，令人感动；赞扬式的广告语如格力空调广告“好空调，格力造”，高度赞扬，令人印象深刻；等等。

广告标语是对广告内容的高度提炼和概括，语言要求简洁、新颖、生动、通俗、易记，通俗易懂且朗朗上口的标语能有效宣传商品，有些甚至会成为社会流行语。例如，北极绒的广告语“怕冷就穿北极绒，地球人都知道”流传的广度之大，甚至超过了北极绒品牌自身，“地球人都知道”成为一段时间的社会流行语。

广告标语借助反复出现的通俗生动的语言加深受众印象，使受众逐渐形成对某个企业、某种商品或劳务的相对固定不变的印象，进而影响其消费行为。例如，海尔电器的广告语“海尔，真诚到永远”，这种高调的表白让消费者对产品及售后服务更多了几分信赖。

4. 随文

随文是广告中的附加说明，内容一般是商标、品牌、公司名称、地址、邮编、电话、传真、广告批准文件、许可证、经销时间、开户银行及账号、单位负责人或业务联系人姓名等。随文是对标题、正文、标语内容的证明和补充，能够有效引导目标受众联系商家以进行购买，从而达到广告的最终目的。

广告文案在实际写作时，要与广告发布的媒介特点和具体要求相对应，比如报纸、杂志等印刷广告，一般要求结构完整；电视、广播等广告，一般没有标题；路牌、霓虹灯等户外广告，一般要求文字简练；大众熟知的知名品牌，随文有时会省略。

三、范文评析

【例文一】

英特尔奔腾处理器广告文案

标题：得“芯”应手

正文：一部高效率的超级个人电脑，必须具备一片高性能的快速处理器，才能得“芯”应手地将各种软件功能全面发挥出来。Intel 现率先为您展示这项科技成就，隆重推出跨时代的奔腾处理器，它的运算速度是旧型处理器的 8 倍，能全面缩减等候时间，大大增加您的工作效率。

除此之外，它能与市面上各种电脑软件全面兼容，从最简单的文字处理器到复杂的 CD-ROM 多媒体技术应用，它均可将这些软件的工作效率发挥得淋漓尽致，而它的售价却物超所值。若想弹指之间完成工作，您的选择必然是奔腾处理器。

英特尔奔腾处理器，给电脑一颗奔驰的“芯”。

评析：这篇广告文案内容重点突出，语言流畅生动。其突出特点是修辞手法的恰当使用：标题用了仿词手法，使产品具有了广泛的认知度、接受度，也便于消费者记忆，正文中的“弹指之间完成工作”用夸张手法增强了广告信息的趣味性，正文末句则是利用了“心”的谐音的拟人手法，把处理器拟人化，生动形象，富有趣味，体现了电子产品的人性化。

【例文二】

瑞士欧米茄报纸广告文案

标题：见证历史　把握未来

正文：全新欧米茄碟飞手动上链机械表，备有 18K 金或不锈钢型号。瑞士生产，始于 1848 年。对少数人而言，时间不只是分秒的记录，亦是个人成就的佐证。全新欧米茄碟飞手表系列，将传统装饰手表的神韵重新展现，正是显赫成就的象征。碟飞手表于 1967 年首度面世，其优美典雅的造型与精密科技设计尽显贵族气派，瞬间即成为殿堂级的名表典范。时至今日，全新碟飞系列更把这份经典魅力一再提升。流行的圆形外壳，同时流露古典美态；金属表圈设计简洁、高雅大方，灯光映照下，绽放耀目光芒。在转动机件上，碟飞更显工艺精湛。机芯仅 2.5 毫米薄，内里镶有 17 颗宝石，配上比黄金还贵 20 倍的铑金属，价值非凡，浑然天成。全新欧米茄碟飞手表系列，价格由八万元至二十余万元不等，不仅为您昭示时间，同时见证您的杰出风范。备有纯白金、18K 金镶钻石、18K 金，以及上乘不锈钢款式，并有相配衬的金属或鳄鱼皮表带以供选择。

广告语：欧米茄——卓越的标志

评析：这篇广告文案从欧米茄手表的悠久历史到其优美典雅的造型和精密科技设计，娓娓道来，直入人心。文案重点介绍了全新碟飞系列手表的优美、简洁、高雅、精准、尊贵等特点，并高调宣称欧米茄手表“不仅为您昭示时间，同时见证您的杰出风范”。全文结构严谨，语言流畅，重点突出，针对性强。

【例文三】

中华汽车电视广告文案

画外音：如果你问我，这世界上最重要的一部车是什么？那绝不是你在路上能看到的。

30 年前，我 5 岁，那一夜，我发高烧，村里没有医院。爸爸背着我，走过山，越过水，从村里到医院。爸爸的汗水，湿遍了整个肩膀。我觉得，这世界上最重要的一部车是——爸爸的肩膀。

今天，我买了一部车，我第一个想说的是："阿爸，我载你来走走，好吗?"

广告语：中华汽车，永远向爸爸的肩膀看齐。

评析：通过朴实、真切的讲述，父子深情清晰可见。通过类比，借助父子深情来打动消费者是这则广告文案的最大特色："中华汽车，永远向父亲的肩膀看齐"，强调中华汽车的目标是像父亲的肩膀那样充满关爱、安全可靠。好的广告文案常常能够以情动人、以诚感人。

四、注意事项

广告文案写作特别需要注意语言，具体来说：

(1)语言要准确规范。只有准确规范的语言才能实现对广告主题和广告创意的有效体现和对广告信息的有效传播，要避免错误、残缺、冷僻、生硬、易产生歧义的语言出现在广告文案中。

(2)语言要简明概括。要用尽可能少的语言传达出尽可能多的信息，有效完成商业宣传和推介，避免长篇大论带来的枯燥和疲倦感。简明概括的语言也有利于受众记忆而形成持久印象。

(3)语言要新颖生动。新颖生动的语言能够激起受众极大的阅读兴趣，引发广泛的想象，从而带来真切的情感体验和引起高度的共鸣。在这样的语言引导下，受众较易被说服和劝导。

(4)语言要动听流畅。朗朗上口、动听、易记、优美、流畅的语言容易被受众接受并牢记于脑海，从而达到信息传播的最佳效果。但也要注意，在实践中不能因过分追求形式而损害内容。

五、写作实训

(一)文种评析

下面是一则交通安全的广告，请从主题、内容、形式、语言等方面加以评析。

阁下驾驶汽车，时速不超过 30 公里，可以欣赏到本市的美丽景色；超过 60 公里，请到法庭做客；超过 80 公里，请光顾本市设备最新的医院!

(二)写作实训

1. 阅读下列广告词，然后挑选生活中的某件商品，为其撰写一则广告词。

精彩每一天。(雀巢咖啡)

非常可乐，非常选择!(非常可乐)

原来生活可以更美的。(美的空调)

真诚到永远!(海尔电器)

让我们做得更好!(飞利浦电器)

2. 将全班分成5~7个小组，教师随机选取大家携带的生活、学习用品(如手机、电脑、文具等)，让各小组按顺序挑选一种，讨论、制作出一份广告文案。

☞ **知识链接**

营销，离不开广告推广。有一款酒，它的广告比产品还出名，它的文案比酒更受年轻人欢迎，它就是江小白。

1. 广告类型：形象广告。

2. 市场定位：定位时尚青春群体，富含时代感和文艺气息，面向新青年群体。江小白以青春的名义创新，以青春的名义创意，深刻洞察了中国酒业传统保守的不足，着力于传统酒业的品质创新和品牌创新，致力于引领和践行中国酒业的年轻化、时尚化、国际化。

3. 诉求主题："小白"原本是菜鸟、新手的意思，现已成为江小白所提倡的一种价值观，寓意追求简单、绿色、环保、低碳生活的都市年轻人，也是当代新青年群体向往简单生活，做人做事追求纯粹，标榜"我就是我"，自信自谦的一种表现。"我是江小白，生活很简单"，主要表达一种简单纯粹的生活态度。

4. 诉求对象：新青年群体，主张简单、纯粹的生活态度，热爱生活的文艺青年。

5. 广告风格与调性：文艺，有内涵，青春时尚化，时代感，简单有趣，比较感性，寓意深刻，体现人生理念、生活态度，心灵鸡汤式的文案。

6. 诉求方式：感性诉求。江小白的广告是靠一句句直达人心的文案打动消费者，在对用户足够了解的基础上，每一句文案，都是用户心底最想说的话，每一句都是用户心底最真挚的情感，有态度，有情绪，文案简单又真实，道出了消费者的心灵感受，极易引起共鸣。

7. 文案结构：心灵独白式的文案，平面广告上的文案字数不多，却很有代表性和说服性，说出了用户的心声。文案没有标题，形式上比较自由，结构清晰，语言押韵。在内容上，字数一般比较少，都是走文艺路线，内涵丰富，语言质朴又不失优美，真诚传递用户心声，同时也比较直白，抒情性比较强。

真正的忘记，不需要，任何努力。

明天有明天的烦恼，今天有今天的刚好。

爱情，就是以爱的名义，多出好多事情。

有多少，来日方长，都变成了，后会无期。

我们总是走得太急，却忘了出发的原因。

年轻时，要多出去走走；年长时，要多回头看看。

没有完全自由的人，只有真正，自在的心。

千言万语的想念，抵不过一次见面。

陌生人分两种，不认识的和假装不认识的。

成长就是将哭声调成静音，约酒就是将情绪调成震动。
总觉得没喝够，其实是没聊透。
孤独不在山上而在街上，不在房间里而在人群里。
学会喝酒后，才真正开始懂老爸。
我们在同一酒桌，却听对方说着陌生的故事。

项目十五　商品说明书

☞ 学习目标

- 了解商品说明书的作用、特点。
- 掌握商品说明书的写作步骤和格式要求。
- 能够按照要求撰写规范合理的商品说明书。

一、情境导入

张××是××职业技术学院艺术设计专业的一名大二学生，由于专业学习需要，大一进校的时候他向父母要了一笔钱，加上自己高三暑假做兼职的钱，买了一台配置比较好的电脑。前段时间使用的时候由于方法不得当，突然出现了一些故障。他尝试着自己去解决问题，想从说明书中找找看有没有解决的办法。由于电脑买了有一年了，张××很费了一番工夫才在书柜的一个角落里找出了该电脑的产品说明书。通过仔细阅读说明书，他果真找到了解决问题的办法。最后，张××按照说明书中的条款去处理问题，电脑终于能正常使用了。通过这件事，张××学到了不少知识，他也下决心以后一定要保存好所购买产品的说明书，尤其是比较贵重的物品的商品说明书。

随着社会与科技的发展，商品说明书的作用越来越重要。无论是高科技产品，还是日常生活用品，无不借助于商品说明书来向消费者展示该产品的构造、功能、特点及使用方法和维修与保养方面的知识。如果某商品缺少商品说明书或者说明书写得不准确、不清晰，就会影响到用户的了解和使用，也不利于商品的进一步推广，从而会影响到商品的生产与企业的效益。一份高品质的商品说明书不仅是对社会高度负责的具体表现，而且是向社会宣传自己并打开商品销路的有力措施，同时还是向消费者传播科技知识的有效工具。

二、知识梳理

(一)商品说明书的概念

商品说明书，也叫产品说明书或说明书。它以说明为主要表达方式，用通俗易懂的语言向消费者介绍商品(包括服务等)的特点、性能、作用及使用方法、保养与维修等方面知识的文字材料。

它的目的在于让消费者了解商品，做出决定购买商品，并且在购买商品后知道如何去使用和保养它。

（二）商品说明书的作用

1. 指导消费

商品说明书最主要的作用是指导消费者。消费者从购买商品到使用和保养，都要依靠商品说明书的帮助。它可以指导消费者了解商品的性能和规格，以及结构和用途，掌握其使用和保养的相关知识。此外，消费者还可以通过商品说明书了解商品的安装、调试以及维修的相关信息，避免了因不熟悉商品而可能带来的损害。

2. 宣传促销

商品说明书不同于广告，它比广告等有科学性和知识性。它通过朴实的语言，真实的数据，实事求是地介绍商品的综合情况。既介绍商品的功能和优点，也把可能出现的问题（或副作用）告诉消费者。在现实生活中，人们购买了某一商品后可能会通过口口相传的方式推荐亲朋好友也购买该商品。这种影响的产生除了商品本身的效果外，商品说明书的介绍也至关重要，这种介绍的全面性和具体性在宣传、促销商品上往往比广告获得的收效更好。

3. 传播知识

现在的商品说明书不仅仅是介绍商品的信息和指导如何使用的指南，它已经成为传播知识和交流信息的工具。有些产品在购买之后如果不连续使用，人们可能会忘了它的功能和使用方法，这时候人们需要重读说明书了解知识；购买回来的产品如果在使用中出现故障，通过说明书人们就可以自己解决问题或者决定送去维修。

另外，从消费者的角度来说，人们在购买同类商品时往往会通过阅读说明书来进行比较，从而选择更加适合自己的商品；从生产企业的角度来说，企业可以借助其他企业的商品说明书来改进自己的产品，通过技术改造来研发新产品，所以，商品说明书在某种程度上记载了国家和社会包括企业科技发展与生产力发展的轨迹，它的价值也越来越受到重视。

（三）商品说明书的特点

1. 知识性

商品说明书的写作目的是指导消费者正确认识和使用商品。因此。一般用较大篇幅将商品的有关知识介绍给消费者，从而达到指导消费者的目的。

2. 科学性

商品说明书要向消费者传达知识性信息，这就要求它的内容必须真实、准确、客观地反映商品的实际情况，不可为达到某种目的而随意夸大或缩小；否则将失信于消费者，最终影响企业的发展。

3. 实用性

商品说明书是为方便人们了解、使用产品，同时也是为了宣传产品而制作的。主要是以说明为表达方式，真实、客观、详细地向消费者介绍产品的特点、性能、规格、构造、用途、使用和维护保养方法，使消费者对产品的认识由不懂到明白，由不会使用到应用自如。

4. 条理性

商品说明书实用性很强，表达时必须条理清晰、层次分明，根据事物本身的规律或人们接受事物的习惯去撰写。因此，商品说明书常常按照商品结构的空间顺序和使用商品的操作顺序对商品的使用和保养方法进行详细介绍。

5. 简明性

商品说明书通常是作为商品的附件产生的，与商品包装在一起。这就要求商品说明书的篇幅必须短小，简明扼要，突出重点。在撰写过程中重点是要突出商品必须说明的、消费者也亟待了解的内容。因此，商品说明书的语言必须通俗易懂、言简意赅，必要时还可以配上图表或照片。

(四)商品说明书的分类

1. 按载体位置分

按照商品说明书的载体所在的位置划分，可分为两类：一类是包装式说明书，即将说明书的内容直接印在商品包装上。这类说明书内容简单，一般适用于常用的、简单或者普及性的商品上。二类是内装式说明书，即将说明书放在包装之内。这类说明书可分为简单式和繁复式(即装订成册的手册式)两种，适用于一些比较复杂、贵重或者刚投入市场、鲜为人知的商品。

2. 按表达方式分

商品说明书可分为条款式说明书、短文式说明书、短文条款复合式说明书、长文式说明书(即手册式说明书)四种。

3. 按说明方式分

商品说明书按说明方式分为概括型说明书、细说型说明书、描述型说明书和析疑型说明书四种。

(五)商品说明书的格式

1. 普通式商品说明书

普通式商品说明书一般由标题、正文、结尾三个部分组成。

(1)标题。

常见的写法有四种：①以商品名称为标题，如“草珊瑚含片”。②由商品名称和文种名称两项构成，文种名称常用的有“说明书”“说明”“使用说明”“介绍”“简介”“须知”等，如“双黄连口服液说明书”“多功能电子电话机使用说明书”。③由产地名加商品名称组成，如“沈阳味精”。④由商品的品牌、型号、商品名称和文种名称组成，如“三角牌SYL型保温式自动电饭锅说明书”等。

(2)正文。

正文是商品说明书的主体部分，是对商品本身的说明。

常见的产品说明书可分为三类：固定性产品说明书、日常消费用品说明书、食用保健类产品说明书。这几类产品说明书的正文部分(条款)大体相同，但具体侧重点有所区别。

固定性产品说明书的条款

所谓固定性产品，是指那些使用期限较长的商品，如机械设备、电子电器、仪表等。其条款包含产品概况、特点、规格和原理。

①概况，指本产品的历史和现实地位。如：曾获得的奖项，市场销售取得了哪些效果、信誉，生产技术上有哪些优势等。

②特点，指该产品的功能特色。如噪声小、省电等。

③规格，指产品型号，容量、外观尺寸等，以及与之相关的技术参数。如电压、工作负荷、额定输入功率等。

④原理，指产品的结构组成、运行程序和工作方式等。说明的详略视实际需要来定，有的产品为方便以后维修，需要辅以图形来说明。

日常消费用品说明书的条款

日常消费用品是指那些易耗商品，比如化妆、洗涤类生活日化用品之类。其主要条款如下：

①产品特征和功用。一般应介绍产品的基本制作工艺或使用何种配方，有何用功效等。

②产品的主要原料或主要成分。

③使用方法。主要介绍产品的开启，安装和操作方法。其中洗涤、化妆类用品还要说清使用的数量，或者与其他物质发生关系的比例、温度等。

④适用范围。主要说明产品在关于人的性别、年龄以及季节、地域等方面的限定。另外，如果与其他物质发生关系时，对其他物质有何要求、限定等。

⑤注意事项。向消费者指明能做和不能做的事。还有就是要说明产品的使用期限。

食用保健类产品说明书的条款

食用产品指主、副食品、酒水饮料、调料等。保健食品指具有特定保健功能的食品。其主要条款如下：

①产品的制作原理及特点。既说明该产品是如何制作的，也说明了其主要成分相互作用的特点。

②产品的功能与作用。要说明能为消费者解决什么问题以及解释保健品不同于药品。

③产品的重要成分。

④用法与用量。

⑤注意事项。除了说明商品使用的注意事项和禁忌之外，还要说明如何保管、收藏等。

⑥产品的保质期、生产日期和产品的批准文号。

(3)结尾。

底部正中醒目的位置写明产品生产企业和经销商企业的全称，包括注册商标、企业地址、电话、传真、邮编等。

2. 手册式商品说明书

手册式商品说明书一般由以下几部分组成：

(1)封面。封面上要有产品的名称、实物照片、商标、产品的规格和型号。

(2)目录。目录页一般标明章节名称和页码。

(3)前言。一般说明产品设计的目的、原理和特点等。

(4)正文。对产品的结构组成、功能、使用范围、维修与保养等进行具体说明。

(5)封底。封底正中醒目的位置写明产品生产企业和经销商企业的全称，包括注册商标、企业地址、电话、传真、邮编等。

三、范文评析

【例文一】

无线演示器用户手册

使用前请仔细阅读此说明书以保证产品功能得到正确使用，并请保留此说明书以备将来查阅！

警　告

本产品具有产生激光束的功能，切勿直视激光束，切勿用激光束照射他人眼睛，以免损伤眼睛！切勿将本产品给儿童当玩具！

本产品内有干电池，切勿把本产品丢入火中，因电池可能发生爆炸；也请勿把本产品浸入水中或者任何其他液体中，电池短路受损坏时亦可能发生爆炸。

申　明

本手册中提及的产品规格及信息仅供参考，如有变更，恕不另行通知。

本手册内容没有任何形式的担保，或特定目的的保证。由于技术发展迅速和电脑操作系统的复杂性，可能会有不适用的情况，在此恕不承担其内容的疏失或错误所带来的损失，如有任何错误本公司没有义务为本手册使用者承担任何责任，同时也不排除内容随时更新的可能性。

产品介绍

感谢您选用为您精心设计的 2. 4G 全向无线演示器。

本产品采用了人性化的设计理念和诸多全新的专利技术，无论是专业讲师，还是商务人士，本产品都将带给您前所未有的使用体验。

(一)产品特色

1. 2. 40 国际绿色频率，100 米可操作范围，可 360 度控制，无方向性限制。自动跳频技术，有效避免其他射频信号干扰。

2. 支持上翻页、下翻页、全屏、黑屏功能。点按上翻页键实现上翻页功能，长按上翻页键实现全屏/退出功能。点按下翻页键实现下翻页功能，长按下翻页键实现黑屏/退出功能。

3. 翻页键的功能可在电脑键盘上的上下箭头、左右箭头、Page Down/Up 之间自由切换，全面支持 Power Point、Keynote 和 Prezi。

4. 在激光、翻页、全屏、黑屏功能基础上增加超链接功能，Tab 键可 PowerPoint 中的超链接之间进行切换，Enter 键确认打开超链接，长按 Tab 键执行 A1t-Tab 可在打开的程序窗口之间进行切换，长按 Enter 键执行 Alt-F4 关闭当前活动窗口。

5. 采用韩国进口镀镍锅仔片和硅胶按键设计，拥有最舒适的按键体验。

6. 自动待机、深度睡眠、电源开关，三重省电设计，使产品更节能，使用更持久。独立的电源开关设计，可以防止产品放在包里时挤压按键造成漏电。

7. 有低电量提醒功能，方便提前备战重要演讲。

8. 一体式设计，迷你 USB 接收器可轻松地收纳于无线演示器尾部，携带方便，即插即用。

9. 采用满足国标的 3R 类激光模组，对人和宠物都安全。

10. 用一节七号电池，使用方便、易于购买和替换，在任意便利店或超市可以买到。

11. 兼容 USB3.0 规范，即插即用，无需安装驱动程序。

(二)适用人群

1. 教师、专业讲师、商务人士。适用于电脑与投影机配合进行教学、演示、演讲、会议，以及电脑与投影机配套使用的所有其他场合。

2. 商业用户、家庭用户、特殊行业用户。利用投影仪、大尺寸液晶电视、背投电视进行视频播放视频演示时，本产品是远距离控制电脑的理想工具。

(三)系统需求

适用所有 Windows 操作系统(Windows2003/Windows XP/Windows Vista/Windows 7/Windows 8 及以上版本)和 Macs/Linux/Android 系统。在 Android、Linux 和 Macos 上可能仅支持激光和翻页功能。

电脑至少有一个可用 USB 口，兼容 USB1.1/2.0/3.0。

(四)包装内容

1. 无线演示器(USB 接收器在产品尾部)1 个

2. 使用手册 1 本

3. 一节七号 AAA 电池

(五)产品参数

发射器

遥控方式　　无线射频技术

发射频率　　2.4 GHZ

遥控距离　　100 米

激光　　3R 类激光

输出功率

……

(略)

接收器

操作系统　　Windows XP/7/8，Macos，Linux，Android

USB 版本 USB1.1 兼容 USB2.0、3.0

……

(略)

开始使用

(一)按键功能图解

(图略)

(二)功能使用说明

1. 激光指示器:按下激光键打开激光束,即可指示需要听众注意的地方。

2. 启动 Microsoft Power Point,打开 PowerPoint 文件。

3. 长按上翻页键,可以使 PowerPoint 从当前页进入全屏,再次长按退出全屏。长按下翻页键,可以使全屏状态的 PowerPoint 进入黑屏状态,再次长按退出黑屏状态。

……

6. 全面支持 PowerPoint、Keynote、Prezi 和其他常用软件。翻页笔支持翻页键功能切换,翻页笔的上下翻页键默认功能是电脑键盘上的上下箭头,支持 PowerPoint 和 keynote 翻页;第 1 次同时按下上下翻页键,功能将切换为电脑键盘上的左右箭头,支持 Prezi 翻页;第 2 次同时按下上下翻页键,功能将切换为电脑键盘上的 Page Down、Page Up 功能,支持浏览器和看图软件翻页。第 3 次同时按下的时候,功能切换到最初的电脑键盘上的上下箭头。

(三)安装演示器

1. 安装电池

产品由一节七号 AAA 电池供电,打开电池盖之后放入一节七号 AAA 电池,再合上电池盖即可(图略)。

2. 取出 USB 接收器,插到电脑的 USB 接口上取出 USB 接收器,将 USB 接收器插到电脑的接口,此时电脑桌面右下角会显示"发现新硬件",系统将自动安装驱动程序。当 Windows 显示"新硬件已安装并可以使用了"时,表示 USB 接收器安装完成。

3. 操作无线演示器

通过操作无线演示器的按键来实现对电脑的遥控和激光的控制。当操作无线演示器时,发射器的指示灯会闪烁。

4. 关闭无线演示器

使用完毕后,请把 USB 接收器重新放回到无线演示器的原位置,并关闭产品左侧的电源开关,以防止产品放在包里时挤压到按键而漏电(图略)。

(四)如何对码

请到 www. knorvay. com 的"服务与支持"栏目下的"驱动程序下载"页面下载对码程序,使用对码程序进行对码。

第三章　常见问题

(一)为什么激光不亮

如果激光不亮,通常情况下是由于以下原因:(1)请确认电池正负极安装正确;(2)是否安装到位;(3)电池是否有电;(4)电池外面的塑料绝缘膜是否撕掉;(5)电源开关是否打开。如果无线演示器的其他功能正常,只有激光不亮,则说明是激光模组故障。激光模组故障时,请联系我们进行售后维修。

(二)接收器无法识别

请确认电脑的 USB 接口是否能正常工作，并尝试其他 USB 接口。必要时，请尝试其他电脑。可以通过在该 USB 口插入其他 USB 设备来检查该 USB 接口是否能正常工作。如果其他 USB 设备可以在该 USB 接口上正常工作，则说明是 USB 接收器故障请咨询销售商进行维修。

如果接收器可以在其他 USB 接口工作，则说明是 USB 接口故障，请使用其他 USB 接口；如果 USB 接口正常，但接收器可以在其他电脑上正常工作，则说明是电脑驱动有问题，请备份数据，重新安装驱动程序或者重新安装操作系统。

(三)无法控制电脑

出现激光正常，接收器可以被电脑识别，但发射器所有功能无法正常使用，无法控制电脑时一般是由于接收器没有正确保存地址码，无法接收发射器的信号，需要进行对码操作。

评析：这是一则标准的电子产品的说明书，内容全面具体，文字通俗简明，项目规范合理。这份商品说明书从消费者的需求出发，真实、准确地说明了无线演示器各方面的有关事项，使用户对产品有了明确的认识，能够对用户的购买和使用起到有效的指导作用。

【例文二】

葡萄糖酸钙口服溶液说明书

请仔细阅读说明书并按说明使用或在药师指导下购买和使用。

警示语：高钙血症、高钙尿症患者禁用。

【药品名称】

通用名称：葡萄糖酸钙口服溶液

英文名称：Calcium Gluconate Oral Solution

汉语拼音：Putaotangsuangai Koufurongye

【成　　分】本品每毫升含主要成分葡萄糖酸钙 100 毫克(相当于钙 9 毫克)，辅料为：乳酸、氢氧化钙、蔗糖、香精。

【性　　状】本品为无色至淡黄色黏稠液体。

【作用类别】本品为矿物质类非处方药药品。

【适 应 症】用于预防和治疗钙缺乏症，如骨质疏松、手足抽搐症、骨发育不全、佝偻病以及儿童、妊娠和哺乳期妇女、绝经期妇女、老年人钙的补充。

【规　　格】10%(含糖型)

【用法用量】口服，一次 1~2 支，一日 3 次。

【不良反应】荨麻疹，面部斑丘疹，面部潮红，刺痒，咽部充血，胸闷，便秘，过敏反应，恶心，呕吐，偶见腹泻等。

【禁　　忌】高钙血症、高钙尿症患者禁用。

【注意事项】

1. 心肾功能不全者慎用。

2. 对本品过敏者禁用，过敏体质者慎用。

3. 本品性状发生改变时禁止使用。

4. 请将本品放在儿童不能接触的地方。

5. 儿童必须在成人监护下使用。

6. 如正在使用其他药品，使用本品前请咨询医师或药师。

7. 肾结石患者应在医师指导下使用。

8. 本品为过饱和溶液，遇冷时可能出现白色药物析出，可加温溶解后服用，不影响疗效。如不溶解请勿服用，可与生产企业联系。

9. 使用时需注意吸管插入方式，如产生胶塞落屑，慎用。

【药物相互作用】

1. 本品不宜与洋地黄类药物合用。

2. 大量饮用含酒精和咖啡因的饮料以及大量吸烟，均会抑制钙剂的吸收。

3. 大量进食富含纤维素的食物能抑制钙的吸收，因钙与纤维素结合成不易吸收的化合物。

4. 本品与苯妥英钠及四环素类同用，二者吸收减少。

5. 维生素 D、避孕药、雌激素能增加钙的吸收。

6. 含铝的抗酸药与本品同服时，铝的吸收增多。

7. 本品与噻嗪类利尿药合用时，易发生高钙血症(因增加肾小管对钙的重吸收)。

8. 本品与含钾药物合用时，应注意心律失常的发生。

9. 如与其他药物同时使用可能会发生药物相互作用，详情请咨询医师或药师。

10. 避免与草酸盐类同时服用。

【药理作用】本品参与骨骼的形成与骨折后骨组织的再建以及肌肉收缩、神经传递、凝血机制并降低毛细血管的渗透性等。

【贮　　藏】密封保存。

【包　　装】药用口服液玻璃瓶，每支装 10 毫升，每盒 12 支。

【有 效 期】24 个月

【执行标准】《中国药典》2015 年版二部

【批准文号】国药准字 H1091××××

【说明书修订日期】2015 年 12 月 1 日

【生产企业】

企业名称：哈药集团三精制药有限公司

生产地址：哈尔滨市香坊区哈平路×××号

邮政编码：150×××

服务热线：400-677-××××

网址：www. san××××. com. cn

评析：这是一则标准的药品说明书，内容全面具体，文字通俗简明，项目规范合理。

这份商品说明书从消费者的需求出发，真实、准确地说明了药品各方面的有关事项，使用户对产品有了明确的认识，能够对用户的购买和使用起到有效的指导作用。

四、注意事项

1. 客观真实

真实性是撰写商品说明书必须具备的基本准则，也是《消费者权益保护法》对商品说明书最起码的要求。商品说明书只有真实可靠，才能赢得消费者的信赖，才能维护企业自身的信誉。商品说明书必须真实、客观地介绍产品的性能、作用、操作程序、使用禁忌等。要实话实说，既不能夸大其词，也不能有所隐瞒，更不能弄虚作假，欺骗消费者。

2. 准确规范

商品说明书的语言要做到简明准确、通俗易懂。简明即文字表达要简洁明了。准确即正确把握说明对象，做到概念明确、科技术语的解释精确，切忌使用广告式的语言。例如：某太阳能热水器的商品说明书，写着“保温效果佳”“抗寒性能好”之类的广告式语句。那么，什么程度为“佳”、为“好”都没有具体标准，因此不好让人把握。商品说明书的正文部分通常都用列条款的方式来展示内容，并逐项说明，这样才能让消费者对产品本身有一个由浅入深、循序渐进的认识。

3. 富有条理

商品说明书的内容是根据商品本身的生产过程及相互关联的顺序，或者消费者认识商品的规律等实际需要选择最佳的表达方式，所以必须具有条理性。

4. 通俗实用

因文化、地理、生活环境等的不同，人们对商品说明书的内容还存在认识和理解上的差异，所以商品说明书的内容必须通俗才能让人易懂，否则再真实、准确也无济于事。要尽可能避免一些消费者不懂的专业术语，计量单位也必须是消费者能识别的，让消费者通过阅读商品说明书觉得其实用性强，能更方便、容易地去了解、操作或使用该商品，也有助于突出商品的优势。

五、写作实训

(一)病文修改

修改下面的产品说明书：

钻石牌送风扇说明书

一、概述

钻石牌送风扇是最新设计的产品，其最大特点是使用一个360°旋转的导风轮来代替摇摆送风。因此它会给你带来最舒适的享受。本商品有以下特点：

外形美观，翻倒即自动停止。

结构新颖，温升低，噪声小。

轻巧方便，使用工程塑料，绝缘性能好，安全可靠。

送风柔和轻拂，有天然阵风感，特设有夜明灯装置。

二、结构

本风扇由导风轮、外壳、电线、风叶和网罩组成。导风轮由装有开关控制的专用电线方便可靠，容易操作。导风轮以每分钟约5转匀速旋转，使气流成为锥体以涡流形式出，从而达到最佳的降温作用，最适合于客厅、办公室、卧室等使用。

三、使用方法

1. 使用前先检查使用电压和频率是否与本风扇标牌上所标注的相符；检查风扇是否完好。

2. 把定时开关旋至“长接ON”挡。

3. 按下调速挡，风扇即可转。

4. 旋转定时开关，选择你所需预定的时间。

5. 当定时旋钮位于“长接ON”位置时，夜明灯则长期照明。

四、维护及注意事项

1. 每年使用前先拆开网罩、风叶和导风轮等，在电机油孔内加少许优质机。

2. 切忌使风叶变形。

3. 注意贮存。

该商品会给您带来很好的享受，根据自己的爱好进行选择，在规定的期限内，若有质量可以为用户免费维修，让用户使用一个称心满意的商品，该商品各地家电中心均有销售。

钻石牌有限公司：

董事长：（略）　　邮　编：（略）

电　话：（略）　　网　址：（略）

传　真：（略）　　电子信箱：（略）

地　址：（略）

（二）写作实训

假如你自己创业开公司了，请给你公司的新产品写一份商品说明书。例如：电脑、手机、家用小电器、药品、化妆品等的说明书均可。

（三）拓展训练

请每位同学搜集一份商品说明书，仔细阅读后，结合所学内容思考并回答以下问题：

（1）所找的商品说明书是属于什么类别？

（2）仔细阅读并写出该商品说明书的格式图，并分析总结该产品说明书的写法。

（四）情景模拟

小王进入一家小家电公司后，不久就接到一个任务，给本公司生产的电热杯写一份产品说明书，他拟定如下：

××牌电热杯使用说明书

××牌电热杯是一种新型的家用电器。使用电热杯的时候注意要尽量用热水或者开水煮食物，这样可以节约用电；先放食物后再通电；用电时，闻到烟味或听到爆炸声时要立即切断电源；如果煮牛奶之类的液体，断电之后要用冷水冲洗，不能马上倒出。食物快熟时立即切断电源，否则就会损坏电热杯。

领导看后认为这则说明书写作不规范，让小王进行修改。请问小王应该如何修改这份商品说明书？

☞ 知识链接

商品说明书与商品广告词的主要区别：

(1) 商品说明书重在介绍说明商品的规格、质量、性能、使用、维修与保养等方面的知识。要求客观、真实地介绍说明该商品；商品广告则是一种促销手段，用于激发消费者的购买欲望。

(2) 商品说明书目的是方便消费者对商品构造、性能等的了解和实际使用；商品广告词目的是宣传、出售商品。

(3) 商品说明书一般附属于每一件具体商品；广告词则一般脱离于商品出现在各种宣传媒体上。

(4) 商品说明书基本用说明的方法；商品广告词往往会用到描写、抒情等表达方式，以及其他一些文学表现性很强的手段。

(5) 商品说明书的说明如果内容简单时会直接印制在商品包装上，而详细复杂时会装订成小册子；商品广告词在文字表达时，可配以各种声像效果，但相对来说都比较简单。

项目十六　设计说明书

☞ **学习目标**

- ◆ 掌握设计说明书的概念。
- ◆ 掌握设计说明书的特点和写法。
- ◆ 培养创新思维和原创意识。

一、情境导入

2012 年 10 月，××职业学院机电学院举行第三届机械部件创新设计与制造大赛，比赛要求各参赛队按照竞赛主题，通过校企合作，自行设计和制造参赛部件。参赛部件应具有一定功能，由 7~8 个零件(不包括电器元件)组成，符合 2011 年全国职业院校技能大赛高职组技术规范。参赛部件必须以机械设计和制造为主，提倡采用先进理论和进技术，如机电一体化技术等。

陈××和他的同班同学共 6 名同学参加此次比赛，比赛过程中，他们要完成以下三大任务：创新设计(绘制 2 件在竞赛现场加工零件的零件图，绘制机械部件的实体图，编写创新设计说明书)，答辩(制作答辩 PPT，现场答辩)，创新制造(加工 2 个主要零件，装配和调试部件，编制零件加工工艺方案)。陈××作为队长把 6 名同学分为三个小组，分别完成以上任务，而他自己主要负责编写设计说明书。

由于陈××的设计说明书编写得非常规范、严谨，加上大家共同的努力，这 6 名同学在这次比赛中获得一等奖的好成绩。

二、知识梳理

(一)概念

设计说明书是对某一工程、作品的设计过程和基本内容进行解释和说明的技术性文书。

(二)特点

1. 科学严谨

设计说明书是对工程、作品设计的重要指导文件，要对设计思想作出全面系统的解说，并要对各项要求进行准确的表述，力求完善、完整、合理，要体现科学性。

2. 力求创新

项目设计应在接受别人成果的基础上有所改进，有所创新，写作时要突出自己在设计中的独到之处和有特色的地方。

3. 真实可靠

设计说明书是设计工作的整理和总结，必定要求具有真实可靠性，表述的设计任务、要求、过程及结果要真实具体，依据的资料正确，数据计算精确，设计方案安全，设计结果实用。

(三)分类

1. 工程设计说明书

工程设计说明书是对具体建设工程项目的设计过程和基本内容进行解释和说明的技术性文书，是该工程项目审批的必备文件，也是施工单位进行建设的依据，也是基建单位在工程竣工时的验收标准。

2. 课程设计说明书

课程设计说明书是工科类学生完成某门专业课程后，在教师的指导下，对本课程的某一特定课题进行具体设计实践活动，说明课程设计的任务、要求、过程及结果的说明性文书。

3. 毕业设计说明书

毕业设计说明书又叫毕业设计报告，是应届大学生针对某一个具体课题，综合运用自己所学的专业知识理论知识、基本技能表述专业设计情况的一种应用文体。毕业设计是大学阶段全部学习成果的总结，是评定学生毕业成绩的重要依据。

(四)格式

不同种类的设计说明书，写法各不相同。

1. 工程设计说明书

一般包括总封面和目录、正文、附录三个部分。

(1)总封面上要写明项目名称、设计单位名称、设计单位负责人、设计总负责人、设计日期等项目。

(2)正文是对该项工程具体设计的说明和论证。工程项目因目的、要求、工程性质、特点的不同，正文的内容和重点也不同。

如房屋建筑工程设计说明书的内容包括工程设计主要依据、总体概括、设计指导思想、总平面设计、建筑设计、结构设计、给水排水设计、电器设计等。

如室内装潢设计说明书内容包括工程概况(工程类型、面积、空间功能要求等)业主设计要求；设计理念和设计目标；规划及设计方案；环境、照明、通风等其他方面的设计；设计总结等。

2. 课程设计说明书

一份完整的课程说明书应包括以下几个方面：

①封面，包括题目、院系、学生班级、学号、学生姓名、指导教师姓名等。

②目录，目录中应包含正文及其后面部分的条目。

③正文，正文内容一般应包括：

选题背景：说明本课题应解决的主要问题及应达到的技术要求；简述本设计的指导思想。

方案论证：说明设计原理并进行方案选择，阐明为什么要选择这个设计方案以及所采用方案的特点。

过程(设计或实验)论述：对设计工作的详细表述。要求层次分明、表达确切。

结果分析：对研究过程中所获得的主要的数据、现象进行定性或定量分析，得出结论和推论。

结论或总结：对整个研究工作进行归纳和综合。

④设计体会及今后的改进意见。

⑤参考文献(资料)，格式：[编号]作者．论文或著作名称．期刊名或出版社，出版时间。期刊应注明第几期、起止页数。

⑥课程设计资料的装订。

按以下顺序装订成册：封面、目录、正文、设计体会及今后的改进意见、参考文献；设计任务书、设计说明书(报告)和图纸等。

以上规范要求主要针对工程设计类课程设计，理论研究、计算机软件类课程设计可参照执行。

3. 毕业设计说明书

毕业设计说明书由以下几部分构成：封面、目录、引言、正文、结束语、参考文献等。

①封面，是毕业设计说明书的表面，应按要求逐项填写清楚。

②目录，由毕业设计说明书的章、节、附录(可无)等的名称和页码组成。章节既是毕业设计说明书的提纲，也是其组成部分的标题。

③引言，应简要说明毕业设计的目的、意义、范围、研究设想、方法、选题依据等。

④正文，正文是毕业设计说明书的核心部分，占主要篇幅。

⑤结束语

毕业设计说明书的结论应当准确、完整、明确，概括说明毕业设计的工作情况和价值，分析其优点和特色，指出创新所在，性能达到何种水平，同时指出尚待解决的问题、设想、建议等。

最后一行致谢，应以简短的文字对在毕业设计过程中给予指导的老师表达自己的谢意。

⑥参考文献，按引用文献的顺序，列于文末，具体格式：

[1]作者名．文章名．杂志名，期数(杂志)．

[2]作者名．书名．出版社，出版日期(书)．

[3]作者名．文章名．网址，日期(网上资料)．

三、例文评析

【例文】

××大学体育场初步设计说明书

一、建筑设计说明

(一)工程设计主要依据

1. 甲方设计要求(略)

2. 甲方提供的地形图及规划图(略)

3. 工程设计合同书(略)

4. 相关设计规范文件(略)

(二)场地及主体设计概述

××大学体育场位于××市，属亚热带季风性湿气候，光照充足，雨量充沛，地点位于××大学校区东部。东部为体育场地及拟建食堂，南边为拟建学生宿舍，西边为休闲绿地，北边为校区外道路。场地北高南低，用地标高为61.00m。计划用地面积49991m^2，占地面积4390m^2(不含运动场地面积)，建筑面积7593.9m^2，绿化率83%(见总平面图)。本工程主体为体育场楼，西看台三层，东看台两层，无地下层，主体结构均为二级耐久年限(50年以上)，抗震烈度为六度设防。本工程设计范围包括建筑、结构、水、通风、消防及概算，不包括煤气、监控及二次高档装修。

(三)设计指导思想

本设计除应执行国家有关工程设计的方针、政策外，还应执行下列基本原则：

1. 根据建设方的用途和目的，在追求精品建筑的同时注意降低建筑成本，综合提高该建筑的经济效益、社会效益、环境效益。

2. 合理利用城市土地和空间，充分考虑地块条件、周边资源及平面功能要求。

3. 适应现行的经济发展水平，在满足当前需要的同时适当考虑将来提高和改造的可能。

4. 节约建筑能耗，保证围护结构的热工性能。

5. 建筑设计的标准化和多样化充分结合。

6. 体现对残疾老年人的关怀，对他们的生活、工作和社会活动提供无障碍的室内外环境。

7. 合理设置公共设施，避免烟、气(味)、尘及噪音对周边环境的污染和干扰。

8. 建筑和环境充分考虑防火、抗震、防空等安全措施。

9. 合理组织人流、车流及物流，着重处理好建筑道路、广场、院落和绿地之间及其与人的活动之间的相互关系。

10. 建筑体现地方风格及现代气息，彰显个性，为校区内塑造风格现代、特征鲜明的标志性建筑。

(四)总平面设计

1. 建筑布局和间距。在总体布局上将体育场置于用地中央，与学生宿舍间距为

76.2m，不遮挡其余建筑的采光日照，整栋建筑周边为大面积绿化和广场，充分考虑了防火、日照、防噪、采光、通风、卫生等要求。体育场南北朝向，避免眩光对比赛的影响，除布置前后绿化广场外，还布置了院落式绿化广场，给工作人员提供了一个宜人的工作和休息环境。

2. 交通组织设计。人流分东西看台按分区进入，体育场四周布置环行消防车道，以满足消防要求。

3. 绿化设计。本工程除在建筑周围设防布置道路、集散广场外，尽可能多地设置绿化用地，足球场种植草皮，绿化率达到70%以上。本工程的室外管线尽量采用地下管沟铺设的方式，地下管线的走向为沿道路或建筑平行布置。以离建筑物的水平距离排序，各种管线的埋设顺序由近及远依次为电力管线、煤气管、热力管、给水管、下水管；以离建筑物的垂直距离排序，由浅入深依次为电信管线、热力管、电力电缆、煤气管、给水管、下水管。

(五)建筑设计说明

本建筑为室外体育场，西看台三层，东看台二层。

1. 建筑平面设计。西看台一层层高36m，二层和三层看台下空间可利用，东看台室内跑道为二层高的大空间。整栋建筑主要功能包括：室内外运动训练、运动员休息、候场、贵宾接待等。

体育场看台建筑采用通透的设计手法和坚持内外空间共享的设计理念，使整个建筑布置于大面积绿化广场中，增强了人与自然环境的交流。

2. 建筑交通组织设计。西看台三座楼梯，东看台两座楼梯，运动员、贵宾与观众的出入口分开，观众疏散时间为五分钟。

3. 建筑立面设计。建筑立面造型力求新颖明快，东西看台入口面为主要立面，采用黄褐色与白色相同的涂料表面以及大面积落地玻璃窗，形成强烈的虚实对比。有韵律的竖向线条，削弱了较大的横向视觉尺度感。

4. 防水设计(略)

二、结构设计说明

(一)设计依据

1. 有关批文(同建筑部分)(略)

2. 自然条件(略)

3. 执行规范文件(略)

(二)结构设计

1. 本工程主体部分采用现浇框架结构，东西看台楼面板采用现浇梁板结构，西看台屋盖采用钢桁架悬臂梁结构，梁根部利用钢拉索与下部看台部分的横向大梁拉接，框架抗震等级为三级。

2. 体育场总长度为130m，中间设两道温度伸缩缝。

3. 南北看台部分采用黏土空心砖砌筑。

(三)基础设计

根据工程地质察报告，基础采用独立柱基和人工挖孔灌注桩，地基基础设计等级暂定为丙级。

(四)结构计算(略)

(五)材料(略)

(六)主要设备材料表(略)

三、给排水设计说明(略)

四、电气设计说明(略)

××建筑设计院

××年××月××日

附：工程设计平面图，总概算表，单项工程概算表(略)

(资料来源：例文选自李峻、孙春祥主编：《科技实用写作》，高等教育出版社2004年版，有改动。)

评析：本项目说明书工程较大，设计内容较多，全文格式规范，结构完整，重点突出，表述全面。对房屋建筑工程设计中必不可少的设计依据、总平面设计、建筑设计结构设计等主要文件进行详细的解释和说明，既有总体的全面规划，又有单项的具体安排，更有建筑结构和建筑材料的选择、工序流程等质量要求，附录中的具体的施工图纸、设计概算书和材料表，为顺利施工提供了依据，为监督、验收提供了标准，从而确保工程质量，实现基建单位的总体意图，具有极大的实用性。尤其是每一设计项目前都提供了设计的主要依据，体现了设计的科学性。

四、注意事项

(1)深入实践进行调查，掌握第一手材料，在自己占有资料的范围内选题，做好材料的分类、鉴别和扬弃。

(2)技术性和实用性相结合。设计说明书带有很强的技术性，但也必须考虑投资成本、使用环境、经济效益等，做到技术性和实用性完美结合。

(3)计算正确，论述清楚，文字简练通顺，插图简明，书写整洁。文中图、表按制图要求绘制。

五、写作实训

(一)写作实训

根据所学专业，撰写一份项目设计说明书，要求设计理念具有前瞻性，严格遵循写作规范。项目自行设计。

(二)拓展训练

项目名称：××丹堤A区

建筑面积：450平方米

装修风格：传统与现代结合

主要材料：进口大理石，进口墙纸，银箔、红橡面板素色、“本杰明”、进口涂料。

设计单位：深圳市××装饰有限公司

设计师：总部第十工作室××

本案地处××关口附近，背山面水，自然环境优美，为双拼四层别墅，地下半层地上三层，前后拥有花园，通风采光好，户型方正，结构合理，空间高，是一套不可多得的经典户型。

业主为一对年轻夫妇，从事行业，典型的知识分子，思想活跃，品位高雅，对传统文化有深厚的理解。本案在设计手法上，突出了文化人温文尔雅、平和理性的特点，用浅橘色的整体色调，表达业主的温馨典雅。在设计风格定位上，吸取了文艺复兴时期“巴洛克”风中的一些经典元素，不过分张扬，而又恰到好处地把雍容华贵之气渗透到每个角落，既突出别墅本身的自然优势又适当彰显业主的个人品位。

客厅经过精心布置。与电视背景相对的一面特意设计了展示柜，展示柜采用乳白色，使浅橘色为主的客厅显得活泼生动；地面及部分墙面运用了天然大理石做饰面；而贴金箔的镂空雕花与水晶珠帘相映成趣。

餐厅另有一番风味。最显著的特点就是空间高，设计没有改变原空间结构，而以长长的落地珠帘将这种风格进行渲染，并在餐厅顶部设计圆形的彩绘玻璃，华灯闪烁，珠帘隐隐，没饮美酒，已不觉心醉神迷。

主卧与书房十分淡雅，这里没有多余的色彩、布置和家具，没有喧嚣与烦冗，一派宁静悠远；设计将原本不规则且略显零乱的天花板加以简化整合，改变后的主卧空间呈上升之势，置身其中给人积极向上之感，表现业主对快乐人生的追求；设计采用传统的玲珑雕花隔断把主卧与书房两个空间加以适当区分，形成一个隔而不断、分而不离的互动空间，惬意的、时尚的、成功人士的品质生活体验尽在其中。

阅读以上室内设计方案，回答下列问题：

1. 确定该设计项目的主题。

2. 这篇设计方案是从哪几个方面进行说明？分别采用了什么表达方式？

3. 请按照方案中的风格，结合自己所学专业知识，为业主设计该案的客厅。

☞ **知识链接**

如何做好装修设计方案

一、充分了解自己的需求。

1. 对家里长期居住人员及构成（家庭人员数量、成员之间关系、年龄、性别等）要心中有数，根据自己的年龄，不妨考虑得稍长远些，如新婚夫妇应考虑到将来下一代的安排等。

2. 家庭成员的民族习惯、区域传统、宗教信仰。

3. 文化水平、职业特点和工作性质等。

4. 家庭成员的个性特征、生活习惯、生活方式、业余爱好。

5. 自己及家人对线形、色彩有无偏好。

6. 经济水平和消费资金的投向分配情况等。

二、使用功能。

在居住空间设计时，首先要对房屋本身的结构有所了解，哪些是承重墙、管线的走向、横梁的位置等，然后结合使用功能的合理性和自己的生活习惯与喜好，对住宅进行基本的考虑。比如客厅设计要注意活动空间的合理安排、自己个性的体现。而卧室、书房则是私密之所，除了在隔音、通风、保温、舒适度等方面要注意外，饰物的点缀、色彩的搭配更要体现自己的爱好与品位。厨卫的设计则要将注意力集中在合理安排上，由于厨卫空间一般较小，油烟、湿气又较大，那么通风是最重要的，其次地面的防滑与墙顶的耐污染、耐擦洗也不能忽视，厨具、洁具的安置以及流动空间的安排，家电的摆放及电源的合理安排都很重要。

三、色彩搭配。

根据以上因素确定住宅的整体装修风格，再确定一个你喜欢的色彩，然后翻阅相关的画册和杂志，在上面选择与之搭配的颜色。一般一套住宅的主色尽量不要超过 3 种(不包括饰物及点缀品的颜色)，否则，会给人“太花”的感觉。

四、通风采光。

通风和采光是住宅设计中不可忽视的重要因素。虽然现在的照明技术已达到很高的水平，灯具造型异彩纷呈，但还是要尽可能地利用和优化原有建筑的自然采光和通风功能，这是住宅中对人体健康的最有益、最重要的部分。

五、家具的选择。

家具是空间环境的重要组成部分，家具的布局、款式、颜色、材质等要与房间的风格、色彩相适应。一个房间内的家具在色彩、风格上最好保持一个主格调。经济上一时不允许，可分居室来配置。比如，先买客厅的家具，待条件允许时再买卧室的家具。

总之，在住宅中对于造型的设计应以精练、大方为主，一定要在使用功能合理的前提下体现自己的个性。

项目十七　市场调查报告

☞ **学习目标**

- ◆ 掌握市场调查问卷的写作方法和写作要求。
- ◆ 掌握市场调查报告的写作技巧。
- ◆ 培养独立思考的求知精神。
- ◆ 培养主动参与、交流合作的主体意识。

一、情境导入

年仅22岁的姑娘贺××，大专毕业不到一年，通过自己的努力，办起了拥有4家专卖店的某食品专卖有限公司。专卖店开了3个多月，净利润达到5万多元。

贺××的创业思路是在2016年大学快毕业进行社会实践时形成的。她在市场调查时发现，如今粽子已经从单纯的节令食品，发展为一年四季的佳品，粽子的市场潜力较大。于是，她有了一个新的念头，她要做一个全新概念的粽子。此后，她四处拜师学艺，学得一手制作粽子的好技术。大学生创业，最头痛的事便是缺少资金。而贺××所做的市场调查和实践为她获得资金创造了机会。在当地某项创业计划竞赛活动中，贺××因为有前期的市场调查和实践做基础，其创业计划一举夺魁，最终获得50万元创业资金。

市场调查研究是经营决策的前提，只有充分认识市场，了解市场需求，对市场作出科学的分析判断，决策才具有针对性，才能拓展市场，使企业兴旺发达。无论是企业还是个人，要创业首先要做的事情就是市场调查研究。

二、知识梳理

(一) 概念

市场调查报告是用科学的方法对市场情况进行调查，然后对所获得的信息资料进行整理和分析研究，得出调查结论，供有关决策者参考的书面报告。

(二) 市场调查的方法

市场调查的方法很多，常用方法主要有观察法、访问法、实验法。

观察法：观察者到现场凭自己的视觉、听觉或借助摄录像器材，直接或间接观察正在发生的市场行为或状况，以获取有关原始信息的一种实地调查法。

访问法：即访问调查法，也叫询问法，是将所要调查的事项以当面、书面或电话的方式向被调查者提出询问，以获得所需要的资料。

实验法：通常用来调查某种因素对市场销售量的影响，这种方法是在一定条件下进行小规模实验，然后对实验结果作出分析，研究是否值得推广。凡是某一商品在改变品种、品质、包装、设计、价格、广告、陈列方法等因素时都可以应用这种方法调查用户反应。

（三）特点

1. 针对性

针对性表现在两个方面：一是市场调查报告写作目的非常明确，调查分析问题有的放矢；二是市场调查报告往往针对明确的阅读对象，因为不同对象有不同的要求，它们所关心的问题的侧重点也不同。

2. 科学性

科学性是指从实际出发，运用科学的方法，有计划、有目的地搜集、整理、分析和研究市场信息资料，找出事物的发展规律。

3. 时效性

时效性是市场调查报告的生命和力量所在。只有迅速、灵敏地记录和反映市场供求的新变化、新动态，并将市场信息以最快的速度传递到决策和管理部门，使经营决策跟上市场形势的发展变化，才能发挥市场调查报告的作用。

（四）市场调查报告的分类

按照调查对象内涵分，可分为专项性市场调查报告和综合性市场调查报告。

1. 专项性市场调查报告

专项性市场调查报告是指某部门或某一经济实体对特定市场某商品供需变化、新产品等情况的调查研究的报告。

2. 综合性市场调查报告

综合性市场调查报告是指对大范围或整体现象所做的综合性调查，常指大范围内的各种全局性、整体性、综合性的经济问题的报告。

（五）市场调查报告的格式

市场调查报告一般由标题、正文、文尾三部分组成。

1. 标题

市场调查报告的标题写法很灵活，可以采用多种形式，写作力求内容明确，语言简洁、醒目。常见的标题主要有两种：单行标题和双行标题。

单行标题，就是用一句话概括调查报告的主题和要揭示的问题。一般由调查对象和文种组成，如《关于2012年国内汽车销售市场的调查报告》。也可将调查对象的相关情况概括成标题，如《今年我国粮油进出口出现五大变化》。

双行标题，也就是正副标题形式。一般用正标题揭示调查结果或主题，副标题指明调查范围（时间、地点、对象）和调查情况等，如《市场在哪里——天津地区三峰轻型客车用户调查》。

2. 正文

市场调查报告的正文一般包括前言、主体和结尾三部分。

(1)前言。前言一般就调查报告的情况进行简要说明或回顾，使读者对报告有一大致了解。或概述基本情况，或提出基本观点，或简介主要内容，写法不拘一格，但将调查的目的、时间、地点、范围、对象、经过和方法交代清楚。

(2)主体。主体是市场调查报告的重点。首先需要用调查所获取的资料信息介绍调查对象过去和现在的客观情况，如发展历史、市场布局、销售情况等，然后对收集的料进行科学的分析，预测市场今后的发展变化趋势，从分析中得出结论性意见，最后根据调查结论提出相应的措施和建议。

(3)结尾。结尾是照应全文，或简要重申观点，或加深认识等，其目的在于点明、强化主题。也有的调查报告，主体写完自然结束。

3. 文尾

文尾指调查报告的单位落款(或作者署名)和日期，一般在正文的右下方标注。如果是公开发表的市场调查报告，作者的名字写在标题的下方或右下方，正文后不写名字，如果正文中有相关信息，也可不必再另外署名。

市场调查报告的写法不是固定的，一定要根据实际情况具体确定。

三、范文评析

【例文】

关于杭州私家车主构成的独立调查

在近年来如火如荼的汽车消费热潮中，数以万计的杭州百姓人家圆了汽车梦。据统计，杭州私家车拥有量已从去年年底的每100户家庭2.5辆上升到3.1辆左右。预计到今年年底，杭州将成为我国轿车发展最快的城市。那么是哪些人推动了杭州私家车消费的狂潮？杭州车市有哪些明显的特征？这些问题无疑是很多业内人士和有车族关注的焦点。近日，我们在一些酒店、写字楼、停车场、生活小区等地通过当面访问以及电话采访、网上调查等方式，对杭州私家车情况做了一次抽样调查。此次调查共发放300份问卷，回收有效问卷253份。

一、年轻车主崛起

在外贸公司工作的王小姐说，普通的交通工具已经不能满足现在年轻人的需要。现在的年轻人张扬个性，事事都要有自己独立的空间。同时工作生活的快节奏促使现在的年轻人需要更快捷的交通工具来实现工作的高效率。调查结果显示，中年车主仍然是私家车主的主流群体，占了调查人数的63.3%。值得注意的是，一部分年轻车主正在崛起，占总人数的26.5%。这部分车主的年龄大约在20~30岁，大多拥有大学本科学历以及较好的职业，年收入在5万~10万元，而且50%以上由自己独立出资购车。

这部分车主最为敏感的是轿车的价格，占了37%，另外，油耗、安全性、品牌以及外观也是他们所关注的主要因素。他们选择的车型、颜色一般比较时尚，驾龄一般与购车时间同步，大多集中在近3年内。

二、个体业主是主力

……

在调查中，个体私营者仍是私家车主的主流，占总数的26.5%，令人惊喜的是，私家车主的职业构成呈现了前所未有的多元化趋势：公务员、教师、普通职员成为壮大最快的购车队伍。

这类车主购车主要用于上下班代步，同时方便周末出游。选择的价位基本在5万~15万元。公务员方先生买了一辆威驰，平时工作日顺带接送孩子上学、放学和妻子上下班。到了周末，则载着家人开车到周边风景区感受大自然的风光。他感慨地说，有车后，生活半径扩大了不少，生活质量也提高了。

三、买家愿付全款

……

网上调查显示，购车方式选择银行按揭的高达71%；而在当面访问和电话采访中，选择一次性现金交付的占了80%以上。仔细分析发现，选择银行按揭的车主大多已有2年以上的有车生活，而选择全额购车的车主，基本都是在近两年内新购的车。

四、汽车网站受青睐

……

近年来消费者在获得购车信息渠道方面出现了多样化趋势。除了看报纸、杂志、电视上的汽车广告和汽车新闻，越来越多的人走进了网络世界。调查表明：杭城有22.4%的购车族倾向于浏览互联网上的汽车网站，因为他们更看重网上全面、丰富、深入的汽车信息，购车者足不出户就可以了解到各大品牌车的最新动态，一些制作精良的网站还能带消费者领略试坐感受、汽车构造和部件性能。在日趋完善的网络世界，甚至实现了网上购车。

五、车主倾向5年换车

……

调查发现：经济型家庭轿车市场份额遥遥领先，86%的人购买的第一辆车价格低于15万元；另外，44.9%的车主表示平均5年会换一辆新车。特别是国内汽车生产、经销市场新陈代谢加速，各家新款车层出不穷，售后服务的不断完善加之低价位的营销战略，不仅让普通工薪阶层圆了购车梦，更让囊中鼓鼓、喜欢体验不同驾驶感觉的人过足了车瘾。

评析：这篇市场调查报告的标题正式、严肃；前言简洁交代了调查背景、原因和调查的范围、方式等内容，主体部分用五个小标题形式归纳总结调查结果，条理清晰；结尾则根据调查情况提出注意事项。全篇结构完整、条理清晰，数据的广泛使用显得调查内容真实、可信。

四、注意事项

1. 写作目的要明确，针对性强，内容上要注意突出重点。
2. 要以充分翔实的资料为依托，叙述实事求是，评价客观公正。
3. 不能只是堆砌材料，要注重分析，揭示事物发展的内在规律。
4. 要讲究实效，真正起到为市场预测和经营决策服务的作用。

五、写作实训

(一)文种评析

以下是一份关于茶叶消费市场调查报告的前言部分，请分析其存在的问题。

中国饮茶文化起源于上古时期，“神农尝百草，日遇七十二毒，得茶而解之”。经过几千年的发展，我国形成了自己独具魅力的茶文化。茶道在我国唐朝时传入日本，但是现在提起茶道，人们却只知日本茶道，不禁使我觉得自己一定要做些什么来发扬这一宝贵的中华传统文化。我强烈呼吁：中国人喝中国茶，发扬传统文化！为了详细了解国内茶叶消费情况，我利用暑假时间做了深入调查。

(二)写作实训

(1)问卷调查是最常见的市场调查方法之一。请设计一份不少于15个选项的调查问卷，对你所熟悉的大学校园和大学生们的生活、消费情况做个问卷调查。

(2)根据问卷调查的结果，请你试着写出一篇2000字左右的××高校(或××市)大学生日常消费情况调查报告。

☞ 知识链接

问卷设计的注意事项：

1. 问卷的开场白

问卷的开场白，必须慎重对待，要以亲切的口吻询问，措辞应精心设计，做到言简意明，亲切诚恳，使被查者自愿与之合作，认真填好问卷。

2. 问题的字眼(语言)

由于不同的字眼会对被调查者产生不同的影响，因此往往看起来差不多的相同的问题，会因所用字眼不同，而使应答者作不同的反应，作出不同的回答。故问题所用的字眼必须小心，以免影响答案的准确性。一般来说，在设计问题时应留意以下几个原则：

(1)避免一般性问题。如果问题的本来目的是在求取某种特定资料，但由于问题过于一般化，使应答者所提供的答案资料无多大意义。

例如：某酒店想了解旅客对该酒店房租与服务是否满意，因而作以下询问：

你对本酒店是否感到满意？

这样的问题，显然有欠具体。由于所需资料牵涉到房租与服务两个问题，故应分别询问，以免混乱，如：你对本酒店的房租是否满意？你对本酒店的服务是否满意？

(2)问卷的语言要口语化，符合人们交谈的习惯，避免书面化和文人腔调。

3. 问题的选择及顺序

问卷中问题的顺序一般按下列规则排列：

(1)容易回答的问题放前面，较难回答的问题放稍后，困窘性问题放后面，个人资料的事实性问题放卷尾。

(2)封闭式问题放前面，自由式问题放后面。由于自由式问题往往需要时间来考虑答案和语言的组织，放在前面会引起应答者的厌烦情绪。

(3)要注意问题的逻辑顺序，按时间顺序、类别顺序等合理排列。

项目十八　招 标 书

> ☞ 学习目标
> - ◆ 掌握招标书的结构特点。
> - ◆ 掌握招标书的特点和写法。
> - ◆ 培养创新思维和原创意识。

一、情境导入

××大学想在新校区修建一栋教学实验综合大楼，需要发布工程监理招标公告，校区教学实验综合大楼项目总建筑面积为55905.85m^2(地上建筑面积45204.69m^2，地下建筑面积10701.16m^2)，栋数1栋，地上层数23层，地下层数3层，建筑物高度90.15米。本项目高层主体采用框架-剪力墙结构，筏板基础及柱下独立基础。项目总投资概算为32700.06万元，其中建安工程费约18696.94万元。那么，这份招标书应该如何写呢?

二、知识梳理

(一)招标书的概念

在市场经济条件下，工程建设项目的发包、各种服务项目的采购，都会由招标人发出招标通知或招标公告，说明采购的商品名称、规格、数量及其他条件，邀请投标人在规定的时间、地点按照一定的程序进行投标。招标方在招标过程中使用的文书称为招标书。招标书是招标人对招标的有关事项和要求做出的具体说明。

(二)招标书的特点

招标书具有实用性、告示性、广告性、竞争性和紧迫性等特点。

招标书是招标过程中介绍情况、指导工作、履行招标程序所使用的一种文书，因而具有很强的实用性。招标书也是一种告示性文书，因为它能提供招标的全面情况，便于投标方根据招标书提供的情况做好准备工作。同时还指导招标工作的开展，而且它一般通过大众传媒公开，因而也称招标广告。此外，招标书还是吸引竞争者加入招标竞争的一种文书，这使它具有相当强的竞争性。招标书一般要求在短期内就能获得结果，招标过程不能将时间拉得过长，因此，它又有着时间上的紧迫性的特点。

（三）招标书的分类

按时间长短可分为长期招标书和短期招标书。
按内容及性质可分为企业承包招标书、工程招标书和大宗物资交易招标书。
按招标的范围可分为国际招标书和国内招标书。

（四）招标书的结构和写法

招标书是招标项目的说明书，一般由标题、标号、正文和落款四部分组成。

1. 标题

标题一般由招标单位名称、招标项目和文种三个元素构成，如《××大学多媒体投影仪等招标公告》《××公司消防器材购买及维修招标公告》等，也可省略招标单位名称或招标项目，如《车辆门禁系统招标公告》《物业管理项目招标公告》，还可直接用《招标书》。

2. 招标编号

凡是由招标公司制作的招标公告，都必须在标题下一行标明公告文书的编号，以便归档备查。编号一般由招标单位名称的英文缩写、年度和招标公告的顺序号组成。

3. 正文

正文由引言、主体部分组成。引言部分要求写清楚招标的缘由、目的或依据，招标项目名称，招标范围和资金来源等内容。

主体部分是招标公告的核心部分，通常采用条文式或分段式结构，要翔实交代招标方式（公开招标、内部招标、邀请招标）、招标项目基本情况、招标范围、招标步骤、招标内容等具体要求，写明投标人应具备的条件、招标的起止日期，开标的时间地点等。有的还要写明签约的时间和期限、双方签订合同的原则、招标过程中的权利和义务、项目开工的时间或时限等。

4. 落款

招标书的结尾，应签具招标单位的全称、详细地址、电话、电报挂号、传真、邮编等，有的还应写明联系人姓名，以方便投标者联系。有的招标公告还带有附件，将一些繁杂的内容，如项目数量、工期、设计勘察资料等作为附件列于文后。

三、范文评析

【例文】

湖南师范大学咸嘉湖校区教学实验综合大楼项目工程监理招标公告

一、招标条件

湖南师范大学咸嘉湖校区教学实验综合大楼项目已由湖南省发展和改革委员会以湘发改社会〔2018〕289号文件批准建设，建设资金为财政资金（湘财采计〔2019〕003202号），项目出资比例为财政资金100%。项目业主为湖南师范大学，代建单位（招标人）为湖南省轻纺设计院有限公司，招标代理机构为湖南创迪工程管理咨询有限公司，项目已具备招标条件，现对该项目施工监理进行公开招标。

二、招标项目概况与招标范围

2.1 项目名称：湖南师范大学咸嘉湖校区教学实验综合大楼项目工程监理。

2.2 建设地点：本项目位于长沙市岳麓区湖南师范大学咸嘉湖校区西北角，西临金星大道，北临桐梓坡路，东侧及南侧为校区内部道路。

2.3 工程规模：师范大学咸嘉湖校区教学实验综合大楼项目总建筑面积为55905.85m^2(地上建筑面积45204.69m^2，地下建筑面积10701.16m^2)，栋数1栋，地上层数23层，地下层数3层，建筑物高度90.15米。本项目高层主体采用框架-剪力墙结构，筏板基础及柱下独立基础。项目总投资概算为32700.06万元，其中建安工程费约18696.94万元。

2.4 质量等级要求：合格工程标准。

2.5 监理服务期：从施工准备阶段开始，经施工阶段至缺陷责任期结束，施工工期(含施工准备、设备采购)暂定800天(具体服务期须配合施工，包括但不限于施工准备阶段、采购和施工阶段、缺陷责任期)。

2.6 标段划分：本次招标分为一个标段。

2.7 监理服务范围：湖南师范大学咸嘉湖校区教学实验综合大楼建设项目的全部内容的施工准备阶段、施工阶段、保修阶段、缺陷责任期的全过程监理，包括但不限于施工及保修阶段的质量控制、投资控制、进度控制、组织协调、合同管理、安全文明施工监理，专用设备选型、考察调研、咨询及安装监理等。

三、投标人资格要求

3.1 具有独立法人资格并依法取得企业法人营业执照，营业执照处于有效期；湖南省外企业须按照湘建建〔2015〕190号文件要求办理省外企业入湘相关事宜(以"湖南省住房和城乡建设网"查询为准)或具有《省外工程建设中介服务企业入湘登记证》(处于有效期内)。

3.2 具备建设行政主管部门颁发的房屋建筑工程监理甲级资质或者监理综合资质，并在人员、设备、资金等方面具备相应的施工监理能力。

3.3 本项目现场监理部关键岗位人员数量按湘建建〔2015〕57号文件规定的配备标准执行，不少于4人，其中：总监理工程师1人、专业监理工程师1人、监理员2人(监理员在中标后配备)。

3.4 拟任总监理工程师必须具有房屋建筑工程专业国家注册监理工程师证书，拟任总监理工程师在长沙市行政区域内(包括长、望、浏、宁四县区)最多有1个作为总监的在监项目，拟任总监理工程师已在其他项目任总监的应配备总监代表，总监代表应具有房屋建筑工程专业国家注册监理工程师证书或湖南省总监理工程师代表培训合格证书，不得有在监项目。

3.5 拟任专业监理工程师须具有国家注册监理工程师证书或湖南省监理工程师证书或湖南省专业监理工程师培训合格证书或湖南省总监理工程师代表培训合格证书，且无在监项目。

3.6 与招标人存在利害关系可能影响招标公正性的法人、其他组织或者个人，不得参加本项目投标。单位负责人为同一人或者存在控股、管理关系的不同单位，不得同时参加本招标项目的投标。

3.7　本项目不接受联合体投标。

四、资格审查方式及评标办法

4.1　资格审查方式：开标后审查。

4.2　评标办法：采用《湖南省房屋建筑和市政工程监理招标评标办法》湘建监督〔2018〕240号文的“综合评估法”。

五、投标保证

本项目投标担保采用承诺形式，具体要求详见本项目招标文件第二章投标人须知前附表第3.4.1项规定。

六、招标文件的获取及澄清答疑发布

6.1　请于2019年5月13日—2019年5月17日17：00时(北京时间，节假日除外，下同)以本单位的名义在湖南省建设工程招标投标信息网进行网上下载/获取招标文件。如通过网络下载，其招标文件与书面招标文件具有同等法律效力。

6.2　招标文件每套售价人民币肆佰元(￥400.00元)，递交投标文件时缴纳。

6.3　澄清答疑采用网上答疑方式。招标人对招标文件的澄清答疑均采用在湖南省建设工程招标投标信息网上发布，投标人自行下载。

6.4　投标人应自行在湖南省建设工程招标投标信息网上下载招标文件、招标文件的澄清答疑等相关招标资料，恕不另行通知。投标人应及时关注网上相关招标信息，如有遗漏(包括但不限于文件未下载或下载不完整)招标人概不负责，所造成的投标失败或损失由投标人自行负责。

七、投标文件的递交

7.1　投标文件递交的截止时间(投标截止时间，下同)及开标时间为2019年6月5日上午09：00(北京时间)，地点为：湖南省公共资源交易中心对应的开标室(地点：长沙市雨花区万家丽南路二段29号)。

7.2　逾期送达的或者未送达指定地点或未按要求密封的投标文件，或未按本招标公告第6.1款规定的时间和方式获取招标文件的投标人递交的投标文件，招标人不予受理。

7.3　投标人拟任本项目的总监理工程师须亲自到场参加投标，授权委托代理人必须为拟任本项目的总监理工程师。

八、发布公告的媒介

本次招标公告同时在《湖南省招标投标监管网》《湖南省建设工程招标投标信息网》《湖南政府采购网》上发布。

九、行政监督

本次招标项目接受相关建设行政主管部门或其委托的招标投标监管机构监督。招标投标监督机构为湖南省住房和城乡建设厅。电话：(0731)8895××××。

十、联系方式

项目业主：湖南师范大学

地址：长沙市岳麓区麓山路××号

联系人：赵科长

电话：07318887××××

招标人(代建单位)：湖南省轻纺设计院有限公司

地址：长沙市天心区向东南路×××号

联系人：郭先生

电话：07318581××××

招标代理机构：湖南创迪工程管理咨询有限公司

地　　址：长沙市芙蓉中路一段×××号新闻大厦×楼×座

联系人：黄群、周康、袁胜

电　　话：07318431××××

传　　真：07318431××××

邮　　箱：c×××××d2002@163.net

评析：这是一则学校教学实验综合大楼招标书，招标书包括招标条件、项目概况与招标范围、投标人资格要求、资格审查方式及评标办法、招标保证、招标文件的获取、投标问价的递交、发布公告的媒介、行政监督、联系方式等十个方面的内容。该招标书对项目概况与招标范围部分表述具体详细，对招标人资格要求、文件获取、文件递交等环节均有详细的说明和标注，表述周密严谨，言简意赅，对投标方来说极具操作性。

四、注意事项

招标书写作是一项严肃工作，以下几个方面需要注意：

(1)周密严谨。招标书不但是一种"广告"，而且也是签订合同的依据。因而，它是一种具有法律效力的文件。这里的周密与严谨，不仅指内容，而且还包括措辞。

(2)简洁清晰。招标书没有必要长篇大论，只要把所要讲的内容简要介绍，突出重点即可，切忌没完没了地胡乱堆砌语言。

(3)注意礼貌。招标书涉及的是双方经济贸易活动，要遵守平等原则，保持诚恳态度，切忌盛气凌人，更反对低声下气。

五、写作实训

请按照招标书的写作要求，指出下文有什么问题。

×××集团公司修建计算中心大楼招标书

本集团公司将修建一栋计算中心大楼，由××市城市建设委员会批准，建筑工程实行公开招标，现将招标有关事项公告如下：

一、工程名称：×××集团公司计算中心大楼

二、建筑面积：××××m^2

三、设计及要求：见附件

四、承包方式：实行全部包工包料

五、索标书时间：投标人请于××××年7月15日前来人索取招标文书，逾期不予办理。

投标人请将投标文书及上级主管部门的有关签证等，密封投寄或派员直接送本集团公司基建处。收件至××年8月15日截止，开标日期定于××××年×月×日，在××市公证处公证下启封开标，地点在本集团公司第三会议室。

报告挂号：××××

电话：××××××××××××

联系人：×××

××× 集团公司招标办公室

××××年5月15日

☞ **知识链接**

招标书的编制原则

原则一：遵守法律法规

招标文件是一份具有法律效力的文件，接到采购项目委托以后，首先要考虑该项目是否有可行性论证报告、是否通过国家相关管理部门的批准、资金来源是否已落实等。

招标文件的内容应符合国内法律法规、国际惯例、行业规范等。这就要求政府采购从业人员不仅要具有精湛的专业知识、良好的职业素养，还要有一定的法律法规知识，如合同条款不得和我国《合同法》相抵触。如有的招标文件中要求必须有本省的某行业领域资格证书，限制外地供应商竞争的规定，就与我国法律相背离。

原则二：反映采购人需求

招标代理机构面对的是采购单位对自己的项目了解程度差异非常大，再加上采购项目门类繁多，招标代理机构编制招标文件前就要对采购单位状况、项目复杂情况、具体要求等所有需求有一个真实全面的了解。

在编招标文件时应该考虑的都要考虑到，即使当时不能确定具体要求，也应把考虑到的要求提出来。想到了，但不能确定的也应该把想到了的提出来，让投标者根据自己的经验来建议。

殊不知，有时一个细微疏漏，就可能造成被动局面，比如只注意设备的技术性能而忽略其整体几何尺寸，最后设备可能进不了厂房的门，进了门可能又没有适合的面积来安装调试；考虑报价要求时可能对设备报价都提出了要求，偏偏把分项报价忽略了，这都会给实际工作带来困难。

原则三：公正合理

公正是指公正、平等对待使用单位和供应商。招标文件是具有法律效力的文件，双方都要遵守，都要承担义务。

合理是指采购人提出技术要求、商务条件必须依据充分并切合实际。技术要求根据可行性报告、技术经济分析确立，不能盲目提高标准、提高设备精度等，否则会多花不必要的钱。合理的特殊要求，可在招标文件中列出，但这些条款不应过于苛刻，更不允许将风险全部转嫁给中标方。由于项目的特殊要求需要提供出合同条款，如支付方式、售后服务、质量保证、主保险费及投标企业资格文件等，这部分要求的提出也要合理。验收方式和标准应采用我国通用的标准，或我国承认的国外标准、欧洲标准等。

原则四：公平竞争

公平竞争是指招标文件不能存有歧视性条款。只有公平才能吸引真正感兴趣、有竞争力的投标厂商。招标文件不能含有歧视性条款，政府采购监管部门对招标工作的监管最重要的任务之一就是审查招标文件中是否存有歧视性条款。当然技术规格要求制定得过低，看似扩大了竞争面，实则给评标带来了很大困难，评标的正确性很难体现，最后选择的结果可能还是带有倾向性。

为了减少招标文件的倾向性，首先根据通过使用要求和使用目的确定货物档次，建议采用同档次产品开展市场调查进行比较，或向有水平的行业专家咨询，找出各匹配产品质量、性能、价格等差异所在。多分析、多观察，制定一些必须满足的基本指标，既要满足采购人的要求，又要保证有足够的供应商参与竞争。招标文件应载明配套的评标因素或方法，尽量做到科学合理，这样会使招标更加公开，人为因素相对减少，会使潜在的投标人更感兴趣。招标文件成型后，最好组织有关专家审定、把关。这些都是保证招标是否公平、公正的关键环节。

原则五：科学规范

以最规范的文字，把采购的目的、要求、进度、服务等描述得简捷有序、准确明了。使有兴趣参加投标的所有投标人都能清楚地知道需要提供什么样的货物、服务才能满足采购需求。不允许使用大概、大约等无法确定的语句，不要委婉描述，不要字句堆砌，表达上的含混不清，会造成理解上的差异。不要在某一部分说清楚了的事，又在另外章节中复述，弄不好，可能产生矛盾，让投标人无所适从。如对设备的软件问题，也应根据需要合理提示，以防在签约时出现价格问题。

原则六：维护政府、企业利益

招标文件编制要注意维护采购单位的秘密，如给公安系统招网络设备就要考虑安全问题。不得损害国家利益和社会公众利益，如噪声污染必须达标，为了维护国家安全，给广电部门招宽带网项目时就要注意这个问题。总之考虑要尽量地细致、全面，执行起来就越顺当。招标项目门类繁多，只有多积累、多调查、多思索、多积累经验，才能深入浅出，编出一份合乎规范的招标文件来。

项目十九　投 标 书

☞ **学习目标**

◆　掌握投标书的概念和特点。

◆　掌握投标书的结构特点和写法。

◆　能够按照有关要求撰写合理规范的投标书。

一、情境导入

××师范学院想要开展针对2019年纸质图书项目的公开招标，小李所在的公司想要参与此次投标，经理要求他负责撰写一份投标书。那么，投标书应该如何写作呢？

二、知识梳理

(一)投标书的概念

投标书与招标书相对应，是投标单位见到招标书之后，准备参加投标竞争活动所写的文书。从实质上讲，投标是对招标提出的邀约的响应、回答或承诺，同时提出具体的标价和条件承诺来竞争中标。它往往通过密封后邮寄或派专人送交的方式递送到招标单位，故又称“标函”。

(二)投标书的特点

一般来讲，投标书具有以下特点：

(1)针对性。投标书的内容是按照招标书提出的项目、条件和要求，为竞标而写，针对性很强。所以，投标书要实事求是地对投标项目进行分析，客观介绍己方，然后在能力所及的范围内提出措施和承诺。投标方只要对招标文件中若干实质性要求和条件的某一条未做出响应，都将导致标书作废。

(2)约束性。投标书具有严格的法律约束力。它的条款一经写入投标书中，就具有法律约束力。对于投标单位而言，投标书寄出后不能返回或更改，如违背承诺将承担法律责任。

(3)保密性。投标书在开标之前要保密，且不得启封。未密封、未盖印以及过期的投标书均属无效。

(4)竞争性。投标人以竞标成功作为自己最终的目的，而招标单位只能选择其一，这就要求投标人在标书中要充分展示自己的实力和优势，以在竞争中脱颖而出。

（三）投标书的结构和写法

一份完整的投标书应当包括如下几个部分：

1. 标题

投标书标题一般由投标单位名称、投标项目和文种三个要素组成，如《××公司建筑安装工程投标书》。有时为了简略起见，可省略投标单位名称或投标项目，或者二者都略去，只留下文种名称，如《投标书》或《标函》等。

2. 致送单位

即投标书的致送对象，指招标单位或者招标办公室，要写其全称或者规范简称，以示郑重，位置在标题下顶格处。如"××招标委员会""××招标办公室"。

3. 引言

这部分是投标书的导语，要用较为概括的语句，简要明确地交代出投标的态度、目的或依据，或简述投标人的基本情况等。

4. 正文

这部分是投标书写作的重点，写作时要紧紧围绕招标文件的具体要求进行表述，充分展示本单位的竞争实力。通常来说，投标书的内容应写明投标的项目名称、数量、技术要求、商品价格和规格、交货日期、保证和条件等，注意要写得明确、具体、完整。

在具体写法上，可以采取表格形式，也可采取分条列项的形式，反正只需将有关内容依次陈述清楚即可。正文部分所引用的数据要求完整、准确，所提目标必须确凿可信，所提措施必须切实可行。

5. 结尾

投标书的结尾部分应当写明投标单位的名称、地址、邮政编码、法人代表姓名或授权代表人姓名、电话、传真以及电子邮箱等，并注明投标日期，签名并加盖公章。

（四）投标书的格式

1. 投标书封面格式

投　标　书 建设项目名称： 投标单位： 投标单位全权代表： 投标单位：　　　　　　　　　　　　　　　　（公章） 　　　　　　　　　　　　　　　　　　　　年　　月　　日

2. 投标书内页格式

投　标　书

致：

根据贵方为　　　　　　　　项目招标采购货物及服务的投标邀请（招标编号），签字代表　　　　　　（全名、职务）经正式授权并代表投标人（投标方名称、地址）提交下述文件正本一份和副本一式　　　　份。

1. 投标一览表
2. 投标价格表
3. 货物简要说明一览表
4. 按投标须知第14、15条要求提供的全部文件
5. 资格证明文件
6. 投标保证金，金额为人民币（　　　　　　　　）元。

据此函，签字代表宣布同意如下：

（1）所附投标报价表中规定的应提供和交付的货物投标总价为人民币元。

（2）投标人将按招标文件的规定履行合同责任和义务。

（3）投标人已详细审查全部招标文件，包括修改文件（如需要修改）以及全部参考资料和有关附件。我们完全理解并同意放弃对这方面有不明及误解的权利。

（4）其投标自开标日期有效期为（　　　　　　　　）个日历日。

（5）如果在规定的开标日期后，投标人在投标有效期内撤回投标，其投标保证金将被贵方没收。

（6）投标人同意提供按照贵方可能要求的与其投标有关的一切数据或资料，完全理解不一定要接受最低价格的投标或收到的任何投标。

（7）与本投标有关的一切正式往来通讯请寄：

地址：　　　　　　　　　　　　　　电话：

邮编：　　　　　　　　　　　　　　传真：

投标人代表性名、职务（签章）：

投标人名称（签章）：

日期：　　　　年　　月　　日

全权代表签字（签章）：

三、范文评析

【例文一】

培训楼工程施工投标书

根据××铜矿兴建培训楼工程施工招标书和设计图的要求，作为建筑行业的×级企业公司完全具备承包工的能力与条件，决定对此项工程投标。具体说明如下：

一、综合说明

工程简况(工程名称、面积、结构类型、跨度、高度、层数、设备)：培训楼一幢，建筑面积 10700m^2，主体 6 层，局部 2 层。框架结构：楼全长 80m，宽 40m，主楼高 28m，二层部分高 9m。基础系打柱水泥浇注，现浇梁柱板。外粉全部，玻璃马赛克贴面，内粉混合砂浆采面涂样，个别房间贴壁纸。全部水磨石地面，教室里阶梯形，个别房间设空调。

二、标价(略)

三、主要材料耗用指标(略)

四、总标价

总标价 34064895.30 元，每平方米造价 3700.23 元

五、工期

开工日期：×××年 2 月 5 日

竣工日期：×××年 8 月 20 日；

施工日历天数：547 天

六、工程计划进度(略)

七、质量保证

全面加强质量管理，严格操作规程；加强各分项工程的检查验收，上道工序不验收，下道工序绝不上马；加强现场领导，确保工程质量达到全优。

八、主要施工方法和安全措施

安装塔吊一台、机吊一台，解决直和水平运输；采取平面流水和立体交叉施工；关键工序采取连班作业，坚持文明施工，保障施工安全。

九、对招标单位的要求

招标单位提供临时设施占地及临时设施 40 间，我们将合理使用。

十、坚持勤俭节约原则，尽可能杜绝浪费现象

投标单位：××建筑工程总公司(公章)

负责人：李××(盖章)

电话：××××　传真：××××

附件：本公司基本情况介绍

评析：这是一篇工程建设项目投标书。正文先介绍了工程简况，然后说明了标价、耗材指标、工期、计划进度等，对招标书作出了明确的回答。这可以说是投标单位的正式报价单，是评标决标的依据。本投标书还包括了保证工程质量的措施和达到的等级、主要施工方法、安全措施和对招标单位的要求等。文末附上公司基本情况，让他人对己方建立信息。是一份比较完整规范的投标书。

【例文二】

投　标　书

××省工业职业技术学院：

我单位全面研究了××省工业职业技术学院服务器、台式机等设备招标文件及附件，我们将按招标文件中的所有规定，对合同的完成承担全部责任和义务。

现递交我单位投标文件正本1份，副本4份。

我们完全同意评标委员会和招标人按综合得分的高低，根据相关法规确定中标单位的要求，并同意自行承担为投标所发生的一切费用。

我们完全同意，我们所递交的投标文件已充分考虑了各种外部因素对报价的影响；同意投标文件规定的投标截止时间。

如果我单位中标，我们完全同意招标单位拟定的设备价款结算和拨付方式，同意将我单位的承诺报价及所有内容作为结算的依据。

我单位的投标设备清单总报价：　　　元

投标单位：（盖章）

投标单位法定代表人：（签字和盖章）

委托代理人：

投标单位地址：

投标单位电话：

日期：

评析：此投标书根据招标要求将有关内容依次陈述，格式完整，层次清晰，语言简练，表述准确。

四、注意事项

1. 要及时拟制和提交

由于招标具有明确具体的时限要求，因此，投标单位必须确切把握、抓住时机，在特定的时限内拟制并适时送交投标书，以便实现投标目的。

2. 要坚持实事求是的原则

在撰写投标书时，投标单位要认真权衡自身所具有的人员素质、技术水平、经济实力，做到量力而行，量体裁衣，切不可只为中标而夸大其词或弄虚作假。

3. 要研究对方的要求和实力

在写投标书前，投标单位要认真收集市场情报，力求准确吃透招标单位的需求及思路，力图使本单位提出的投标书符合招标书的要求，同时还要认真研究竞争对手的实力与营销策略，做到知己知彼。

4. 要注意文字的简洁和内容的周密

投标书是一种实用性很强的文书，因而在语言表述上应力求准确、简要，在涉及有关技术指标、质量要求和服务承诺方面，要避免诸如“尽可能”“力求”“以后”等模糊词语，同时要对照招标书的要求，严格检查投标书的各项表述，以免粗心大意，遗漏重要事项。

投标书有下列情况之一者无效：一是标书未加密；二是标书未盖投标单位和负责人印章；三是标书未盖保证单位和保证人印章；四是标书投寄日期超过规定时间；五是标书内容不符合招标文件的要求。

五、写作实训

请按照投标书的写作要求，指出下文存在的问题。

×××公司投标书

×××总公司

诸位先生：

研究了招标文件 MLRC-LCB1002 号，对集通铁路项目所需货物我们愿意投标，并授权下述签名人×××，代表我们提交下列文件正本一份，副本四份。

(1)投标报价表。

(2)货物清单。

(3)技术差异修订表。

(4)资格审查文件。

签名人兹宣布同意下列各点：

(1)所附投标报价表所列拟供货物的投标总价为×××美元。

(2)投标人将根据招标文件的规定履行合同的责任和义务。

(3)投标人已详细审查了全部招标文件的内容，包括修改条款和所有供参阅的资料及附件，投标人放弃要求对招标文件做进一步解释的权利。

(4)本投标书自开标之日起 90 天内有效。

(5)如果在开标之后的投标有效期撤标，则投标保证金由贵公司没收。

(6)我们理解你们并不限于接受最低价和你可以接受任何标书。

投标单位名称：中国武汉×××公司

地址：中国武汉××区××街××号

电话：×××××××××××××

授权代表：×××

××年×月×日

☞ **知识链接**

什么是标书？什么是商务标、设计标、技术标？

商务标就是经济标，说白一点，就是你要投标，想报的价格，其中有每一项的报价分析或说明。这也是很重要的一项，关系到你中标之后是赢利还是亏本！商务标说白了就是投标文件中涉及“钱”的部分！主要是工程预算书！

设计标

我国建筑装饰工程设计水平，近期有了较大的提高，设计队伍也有了较大发展。建筑装饰工程首先是设计，评标中先评设计标，当前发现的问题是：

(1)工程定位：建筑装饰工程范围很广，既有宾馆饭店、政府机关，也有院校、体育场馆、娱乐餐饮等，性质不同，功能不同，建筑装饰工程设计必须与业主的地位相适应，体现业主的形象及其特征，因此设计不能错位，定位适当，例如不能把宾馆装饰设计搬到政府机关。

(2)整体协调：建筑装饰工程是建筑工程的延伸，既是其整体的一部分，又不等同于建筑，因此设计必须从整体出发，处理好相互关系，例如一个既体现民族风格又是现代化的建筑，设计上就要贯彻这样的风格，做到整体协调，内外呼应，特别是局部改造装饰工程，在风格、造型、用材、色彩等相关方面，更要注意到局部与整体的关系。

(3)高水平，低造价：建筑装饰设计要根据业主投资意愿或消费倾向，结合工程特点，方案设计既要发挥科学技术与艺术相结合，也要考虑经济因素，做到高水平设计，低价位。

(4)提倡创新，避免抄袭：一般项目相同，但在装饰设计上又都希望能创新，但在实践中往往一个新潮设计就照搬，有的形成生搬硬套，因此常在同类工程项目中碰见设计是熟面孔。

(5)提倡时尚，但避免一阵风：如前一段时间我国建筑装饰设计集中在某些用材上，都用柚木，后来是榉木、桃木，石材是大花白、西班牙米黄，没有针对工程特点选用适用的品种。

(6)装饰与艺术脱节：往往在局部处理上形成眼花缭乱，没有清新、优雅的气氛，降低了艺术效果。

(7)装饰与功能脱节：为了装饰效果而忽略了服务功能，好看不好用。

(8)装饰与空间利用脱节：没有考虑到空间的合理利用，如有的设计为了装饰而占用了必要的室内通道。

经济标

设计确定以后，企业能否入围，决定于经济标，其中的问题有：

(1)工程量的差异：建筑装饰变化多，经常出现定额中没有的项目，如异型装饰，定额以外的项目工程量有高低之差，怎样既能体现设计意图又降低成本。

(2)材料的价差：材料在整个造价中占到30%~50%，按照设计要求选用同一品种材料价差很大，对工程造价影响较大。

(3)取费高低：国家现在是指导费率，企业管理水平不同，费用也不同。

(4)利润高低：企业在投标中有的承诺让利，企业结合工程情况取利有高有低，例如有的企业由于淡季或业主还有后续工程而让利，投标中要做到知此知彼，确定利润率。

技术标

投标中，商务标(设计标)是准入，经济标是入围，技术标是投标中最后一环，技术标的问题有：

(1)包装与内容：对标书当前普遍注意了包装，注意外观与模式，但经常出现的问题是包装很讲究，但内容很空洞。

(2)暗标中的废标：施工组织设计一般是暗标，但有的包装、模式没有按照招标文件统一要求，或者是某一细部出现了企业的特征等，造成废标。

(3)内容一般化：施工组织设计注意了模式和条款，工艺和规范套用细而全，但没有结合工程的实际，失去了针对性，有的企业已通过了质量认证和环保认证，但没有针对相关工程制定具体的组织措施。

(4)选用标准不当：工程质量标准应当用现行的，不能再沿用过期的，如不能再用2002年已撤销的《北京市高级建筑装饰工程质量验收标准》，但现在还有企业在施工组织设计中提出，有的甚至以优质工程项目来代替标准。

(5)可行性差：建筑装饰工程涉及结构、基底、水、电、风、消防、智能等，但在施工进度中只排列了装修部分而忽略了与众多专业与分包方面的交叉衔接，缺乏整体协调。

(6)简短适度：有的施工组织设计篇幅很长，一般情况体现较多，但对相关重点却一带而过，避重就轻，遗漏重点环节，例如工程正赶上雨季或冬季，但施工组织设计中却没有具体措施。任何一个工程离不开用电，但在一个施工组织设计中没有体现动力用电量、照明用电量、平时用电和高峰用电量等。

(7)技术标又分明标和暗标。

明标是招标方公开标底，包括技术指标，项目预算案等的招标方式。

暗标则是指不公开投标人名称，招标方监督人员将标书的投标单位进行编号，交由评标委员会进行评审，评审结果确定后，核对各编号的投标人，确定中标单位。

(8)技术标的内容应为仿宋三号字，表格内和页码应为仿宋五号字。

项目二十　导 游 词

☞ **学习目标**

◆ 掌握导游词的格式和写法，会写导游词。

◆ 培养学生口语交际能力，搜集处理信息的能力，增强合作意识。

◆ 激发学生爱国情怀，树立保护文物和世界遗产的观念。

一、情境导入

播放一段录像：

“大家好，我代表十堰××旅行社欢迎大家的到来。我叫张怡，就像人们常说的那样，相逢就是缘分。能和大家相逢在美丽的十堰并和大家一起度过这段美好的时光我感到非常荣幸。这位是我们的司机刘师傅，今天就由我们两个为大家服务，大家有什么问题可以尽管提出来，我们将尽力为您解决。希望能用我们的热心、耐心和细心换来你的放心、开心。

今天我将带大家一起游览武当山，让我们一起去领略那里秀丽的自然风光和浓郁的道教文化。”

这是一段武当山导游词的开头。大家想一想，如果你是张导，后面你会怎么给游客们导游呢？

二、知识梳理

(一)导游语言的特点

(1)适中性：尽量符合大多数游客的欣赏要求。①声音适中：避免过高或过低，强弱适度(以游客听清为准)。②内容适中：根据场合、对象选择适当的、得体的语言。

(2)多变性：根据导游员工作场合、服务对象和交流对象的变化而变化。①语调的多变：有高低起伏的变化。②语言的多变：组织导游词语素材的角度多变(文化层次好：多文化历史典故；文化层次低：多神话传说)、讲解时句式多变、语言结构多变、感情色彩多变。

(3)互动性：通过各种方式(语言、动作)调动游客的情绪，实现双向交流。

(4)整体性：全面综合的把握和运用导游语言：口头语言、书面语言、肢体手势、服饰语言等。注意：整体性还体现在它必须与语言的运用环境相适应：导游讲解风景时吟古代诗，可以提高讲解的文化层次，但如果环境喧闹嘈杂，则效果很差，难以起到衬托的作用。

(二)导游语言与导游词

导游词属于导游语言中十分重要的部分，但不等同于导游语言。导游语言包括：导游讲解(导游词)、导游交际语言、导游营销语言等。

(三)导游词的风格特点

(1)导游词的风格。作为导游大多有自己不同于他人的语言风格。每个导游员常用的词语句式以及语言技巧等等都不是完全一样的。如果加以比较，则会发现其中的部分导游，语言的风格更鲜明一些、个性更突出一些、语言技艺的运用也更集中一些。

①语言明快，热情奔放。这类风格的特点是：语言明快、直接、流畅，洋溢着一种具有敬业味道的奔放热情。这种风格的导游员对游客有如火的热情，对所讲的景区也表现出真挚的热爱，让游客感受到的就是一种具有较高水准的职业化的解说。要形成这种语言艺术风格并不是那么简单的，如何把握好情感和语言的分寸十分重要，语言既要明快，又要注意含蓄；情感既要奔放，又要注意收敛，否则就显得肤浅、轻飘，以及让游客感觉到与导游之间关系的疏远。

②幽默诙谐，妙趣横生。这类导游语言艺术的特点是，以浓厚的趣味思想来认识和解释事物，语言中渗透着机智、诙谐，充满活力、富有情趣，蕴藏着一种乐观向上的精神力量，使人听了格外开心且耐人寻味。但是，与这类艺术风格相应的缺点是容易让人造成油腔滑调的错觉，在该严肃庄重的时候偏偏说俏皮话，这样就使人感到不认真、不亲切，所得的印象也势必浮浮沉沉、支离破碎。

③平实质朴，稳健沉静。这类导游语言艺术的风格特点是：言行举止稳健沉静，情感含蓄不外露，遣词造句平实、质朴，不多用修饰手法，只是平平静静、老老实实地叙述事实，讲解景物，解析事理，显得厚重大方，有与人闲谈般的亲切感。但与这种风格相应的缺点是容易导致解说枯燥呆板，如果说的事实不具体，又不能用一些修饰性词语启发游客的想象，只用生硬的、很草率的几句话进行粗略的讲述，就容易使人感受到索然寡味。

对于以上说明的三种导游语言艺术风格，我们不能说哪种好哪种不好，因为它们的关系是相容的，不是对立的，是可以因人而异、因地制宜相互发挥不同功效的。就像唱戏，擅长花腔的并不是老要花腔，不爱用花腔也并不是不要花腔，只是有个主次之分。这就要求导游员的语言艺术风格力争达到这样的境界：即“正而能变、大而能化、化而不失本调，不失本调而兼众调”。这里所说的“本调”与“众调”的关系，就体现了艺术风格的一致和多样性的对立统一。因此，只有灵活把握这种对立统一，我们导游工作者的语言艺术风格才能丰富多彩，才能满足不同游客的不同需要。

(2)导游词的特点。导游词具有准确性、趣味性、条理性、连续性、故事性、时间性、时代性和对比性等特点，其中我们需要特别注意的有：

①美感性：导游口头语言影响着游客对旅游景色之美的感受，要给人以美的感受。语言修辞之美。

②趣味性：为了突出导游调的趣味性，必须注意以下五个方面的问题：a. 编织故事情节。讲解一个景点，要不失时机地穿插趣味盎然的传说和民间故事，以激起游客的兴趣和好奇心理。但是，选用的传说故事必须是健康的，并与景观密切相连。b. 语言生动形象，用词丰富多变。主动形象的语言能将游客导入意境，给他们留下深刻的印象。c. 恰当地运用修辞方法。导游词中，恰当地运用比喻、比拟、夸张、象征等手法，可使静止的景观深化为生动鲜活的画面，揭示出事物的内在美，使游客沉浸陶醉。d. 幽默风趣的韵味。幽默风趣是导游词艺术性的重要体现，可使其锦上添花，气氛轻松。e. 情感亲切。导游词语言应是文明、友好和富有人情味。

三、范文评析

不同于一般的记叙文，导游语言强调口语化。虽然导游词没有直接面对游客及景观，但它模拟现场导游的场景，作者必须把自己比作导游，设想正带领着游客游览。

因此导游词是循序着游览线路层层展开的，而且为了增加现场感，多以第一人称的方式写作。在修辞方面，多用设问、反问等手法，仿佛游客就在眼前，造成很强烈的临场效果。这是因为我们面对的是想象中的游客，所以，在导游词写作时，我们要注意多采用日常生活词汇和浅显易懂的书面语词汇，尽可能避免使用晦涩难懂的书面语词汇和音节拗口的方言词汇，更不能堆砌辞藻。同时要多用短句，富含真情实感，以便讲起来清楚、顺口，听起来轻松、感人。这里，我们以鹏飞万里的《龙门石窟导游词》为范文来解说。

【例文】

龙门石窟导游词

各位朋友好！洛阳素有“九朝古都”之称。举世闻名的龙门石窟，便是她众多的文物古迹之一。今天，我陪大家一起来参观素有“龙门二十品”美称的洛阳龙门石窟。

龙门石窟位于洛阳市南13公里处，它同甘肃的敦煌石窟、山西大同的云冈石窟并称为中国古代佛教石窟艺术的三大宝库。现存佛像十万余尊，窟龛二千三百多个。龙门石窟是国家五A级旅游景区，1961年被国务院列为国家文物重点保护单位。

龙门石窟中最著名的是卢舍那大佛。传说她是根据武则天的脸型经过修饰而成的。凿于唐高宗咸亨四年，即公元672年，位于洛阳龙门西山南部山腰奉先寺，通高17.14米，是龙门石窟中艺术水平最高、整体设计最严密、规模最大的一处。

各位朋友，现在，请跟着我参观龙门石窟的几个重要洞窟。

这里是潜溪寺，它是龙门西山北端第一个大窟。高、宽各九米多，进深近七米，建于一千三百多年前的唐代初期。主佛阿弥陀佛端坐在须弥台上，给人以静穆慈祥之感。主佛左侧为大弟子迦叶，右侧为小弟子阿傩。两弟子旁边分别为观世音菩萨与大势至菩萨。阿弥陀佛与两侧的两位菩萨共称为西方三圣，即掌管西方极乐世界的三位圣人，是佛教净土宗信仰的对象。

我们过潜溪寺后，在路旁右侧有一敞口石龛，我们看过石匾，南行数十步，进入一座院落，院中有并排三座石窟，便是宾阳三洞(中洞、北洞、南洞的俗称)，以中洞为代表。宾阳洞传说是根据道教八仙之一吕洞宾之字(洞宾)和号(纯阳)的末两字相加而命名的。传说它是北魏宣武帝为父母孝文帝和文昭皇太后做功德所营造的洞窟之一。其中仅中洞的开凿就花费了24年时间，其富丽堂皇的景象是龙门众多石窟之冠。

参观过宾阳洞，拾级而上，这里就是万佛洞。万佛洞多洞相连，巧夺天工，浑然天成。一些怪石之奇，景观之险，让人不无惊叹，流连忘返；登高远眺，心旷神怡。万佛洞集我国著名四大石窟之精华，塑佛祖、菩萨、弟子、天王、力士近三万尊。万佛洞为一长约500余米的山洞，在洞中有23000余尊各式各样的佛像。洞在龙门西山中部，因窟内南北两壁刻有15000余尊佛像而得名。

朋友们，参观完莲花洞，再登几十级台阶就到奉先寺了。它原名大卢舍那像窟，始雕年代说法不一，有说是唐代咸亨三年(672年)开始雕凿，至唐代上元二年(675年)完成，是龙门石窟中规模最大、艺术精美、最具有代表性的大龛。奉先寺南北宽约34米，东西深约36米，置于9米宽的三道台阶之上，龛雕一佛、二弟子、二胁侍菩萨、二天王及力士等十一尊大像。奉先寺是龙门石窟中规模最大、最具有代表性的露天佛龛，形态各异、刻画传神的造像显示了盛唐雕塑艺术的高度成就，成为石雕艺术史上的奇观。

另外，世界遗产委员会对龙门石窟也有评价：龙门地区的石窟和佛龛展现了中国北魏晚期至唐代(493—907年)期间，最具规模和最为优秀的造型艺术。这些翔实描述佛教宗教题材的艺术作品，代表了中国石刻艺术的最高峰。2006年1月龙门石窟被中央文明办、建设部、原国家旅游局联合授予“全国文明风景旅游区”。2009年，龙门石窟被中国世界纪录协会收录为中国现存窟龛最多的石窟，创造了现存窟龛数量最多的中国之最。

由于时间关系，龙门石窟主要洞窟的讲解就到此结束。谢谢各位！如果有什么不满意的地方，可以反馈给我哦！

评析：这篇文章基本符合讲究口语化的要求。我们要注意一个问题：口语化，与生动的表达并不矛盾。所以，导游词的语言表达，在口语化的基础上又提出八字要求，即：正确、清楚、生动、灵活。

《龙门石窟导游词》的开头十分简洁，“今天，我陪大家一起来参观素有龙门二十品美称的洛阳龙门石窟”，一语直达目标，开始了这次游览的导游行程。

接下来运用简述手法先通俗地介绍石窟的位置、规模、历史意义、文物评定等级，给游客留下整体印象。再比较细致地介绍卢舍那大佛，用口语解说了它的位置、传说、建造年代和建造规模等。

而后一个简略的过渡，把大家引到了潜溪寺，这一段很讲究层次，就像在指引着游客边看边讲解着，同时也加入了十分简洁扼要的评述。过潜溪寺，到了宾阳三洞，重点是解说三洞的来历，追溯一段历史传说。而万佛洞一节，用词就比较华丽了，但符合导游词灵活、生动的要求，这样可以改变游客视听的单调感觉，有激发游客兴致的作用。在介绍奉先寺一节时，语言又趋于口语，再加上多处糅进了自己的评价，给读者的印象也是清晰明了的。

主要景点参观完之后，小作者又引用世界遗产委员会对龙门石窟的评价和国家对龙门石窟的高度重视，来强调它在世界上的艺术高度，以此来升华游客对龙门石窟的深层认识，这样安排是相对科学的。

最后的结束语做到了简明、贴切、自然、亲和。此文在短句使用上也比较注意，不失为一篇优秀的导游词。

四、注意事项

导游词由引言、主体和结语三部分构成。

1. 引言

引言就是开场白。好的开场白，好比一出大戏的序幕，一篇乐章的序曲，一部作品的序言。游客都讲究"第一印象"，而引言是给游客留下"第一印象"的极佳机会。引言包括欢迎词和景点概述两部分。

(1)欢迎词。欢迎词是导游员表示欢迎的简短用语，包括表示欢迎、介绍自己、预告节目、预祝成功几个要素。

(2)景点概述。景点概述中，导游员向游客介绍景观的基本情况，是对整个路线景点的预告，起到纲举目张的作用。

2. 主体

主体部分是导游词的核心，其内容是把景点的具体内容向游客进行详细的介绍。这一部分大都是以游踪为线索，按景点顺序用分述的方式一一进行解说。如七星岩的导游词在主体部分中分别对"第一洞天""姜太公钓鱼""北斗七星""露滴石笋""滴水观音""倒挂蝙蝠""三姐歌台""祝寿蟠桃"等景观进行了详介。在《黄果树瀑布》中，主体部分对"犀牛潭""水帘洞""黄果树瀑布夜景"进行了详细而生动的描绘真正起到了宣传景点、吸引游客、指导消费的作用。

在对景点进行介绍时，要注意景点之间的过渡与连接，不要叫游客感到突兀。如保定"华北明珠白洋淀"的导游词中用了"朋友们请看，眼前的这一大片荷花，就是我们白洋淀有名的一景——十里荷香""我们现在来到的是生态游乐景区，大家请随我下船登岸""大家快看！前面就是我们白洋淀的禽鸟自然保护区了"等过渡语。有了这些承上启下的过渡用语，游客心中更明白、更踏实了。

3. 结语

结语是简单的送别词。如果说欢迎词给游客留下了美好的第一印象，那么好的欢送词则给游客留下的最后印象是深刻的、持久的，甚至是永生难忘的。

结语包含表示惜别、感谢合作、小结旅游、征求意见、期盼重逢等意思。如七星岩导游词的结语是："七星岩就要游览完了，让我们借这一景物向贵宾表示良好的祝愿，祝大家身体健康，旅途愉快。欢迎大家有机会再来参观。"几句话虽然简短，但很暖人心。如果虎头蛇尾、草草收场，结果是前功尽弃、大煞风景。

结束语常见的有以下几种方式。

(1)告别式。如，"尊敬的各位嘉宾：我们已经结束了雍和宫的参观，现在就准备去首都机场了，请大家仔细看一下自己的随身物品，是否齐全了。中国有句俗话，叫作‘千里送君，终有一别’，这也好，分别就是再见的开始。下一站你们将飞往郑州，中州大地的历史更加久远，故事、人物更加神采生辉。就让我们一起唱起《龙的传人》，为本次北京之行画上圆满的句号吧”。

(2)总结式。请看河南仰韶文化遗址导游词的结语：“各位游客朋友，在我们离开函谷关之际，三门峡的全部游程也接近尾声了。在三天的行程中如果有照顾不到的地方，敬请各位原惊，也衷心地希望您把宝贵的意见留下来，以便改善我们的工作。预祝各位身体健康，万事如意，一路顺风!”

(3)祝福式。请看山东崂山风景区导游词的结语：“各位游客，不知游览完华严寺和那罗延窟您是否感受到佛家的淡泊清静，您心中的俗虑是不是已经得到解脱？祝愿各位从此万事如意，福寿绵长。”

(4)抒情式。请看广东佛山三水荷花世界导游词中的结语：“好了，我的介绍就到这里，下面的时间留给大家在园内尽情观赏和拍照。大家看那只美丽的红蜻蜓正停在新生的荷叶尖上，这不正是那句名诗‘小荷才露尖尖角，早有蜻蜓立上头’嘛！相信大家拍出来的每一幅照片都会像诗句一样美丽!”

五、写作实训

请大家针对一个20名瑞典游客的旅游团(或一个20名北京市民的旅游团，或一个来自广东深圳的一家三口游客家庭，父母40岁左右，小孩为10岁左右女孩)，撰写一篇武当山南岩景点的导游词。

☞ 知识链接

趣味性，应该是人们对语言的一个共同要求，从来没有人喜欢阅读或聆听别人空洞乏味的说教。事实上，趣味性是语言不可或缺的润滑剂，虽然有时只是只言片语，却常常成为人们欣赏的亮点，因此，导游词也需要加入趣味性。在导游词中，要突出其趣味性，必须注意以下几个方面：

(1)选用传说故事：讲解一个景点，要不失时机地穿插一些与景观密切相连的传说或民间故事，以激起游客的兴趣和好奇心理。

(2)运用修辞手法：恰当地运用比喻、拟人、夸张等手法，可使静止的景观转化为生动鲜活的画面，揭示出事物的内在美，使游客沉浸陶醉于其中。

(3)用词幽默丰富：幽默风趣是导游词艺术性的重要体现，可使其锦上添花，气氛轻松，将游客导入意境，给他们留下深刻的印象。

项目二十一　旅游线路规划

☞ 学习目标
- ◆ 理解旅游线路规划的原则。
- ◆ 能有效搜集、筛选、整合旅游资源信息。
- ◆ 能针对旅游者不同要求规划、设计旅游线路。
- ◆ 激发学生的专业热情，增强专业责任感和团队合作意识。

一、情境导入

南水北调中线一期工程于 2014 年 12 月 12 日正式通水至今，南水成为北方 40 多个城市的主力水源，受益人口超 1 亿。通过实施生态补水，南水更是让北方多地河湖干涸、地下水位快速下降等问题得到了缓解。目前南水北调水已占北京城区日供水量近七成，全市人均水资源量由原来的 100 立方米提升至 150 立方米，供水范围基本覆盖城六区及大兴、门头沟、通州等地区。北京市自来水集团的数据显示，南水北调水改变了北京的供水格局，丹江水已经成为北京的主力水源。

清甜的丹江水，让很多北京市民对中线源头充满了兴趣，愿意到丹江口库区看一看。7 月份，旅行社要接待 20 名参加源头游的北京市民。

如何为这参加南水北调中线源头游的 20 名北京市民设计旅游线路呢？

二、知识梳理

(一) 旅游线路设计原则

1. 以满足游客需求为中心的市场原则

旅游线路的设计的关键是适应市场需求。具体而言，即是它必须最大限度地满足旅游者的需求。旅游者对旅游线路选择的基本出发点是：时间最省、路径最短、价格最低、景点内容最丰富，最有价值。由于旅游者来自不同的国家和地区，具有不同的身份以及不同的旅游目的，因而，不同的游客群有不同的需求。总的来说分为：观光度假型、娱乐消遣型、文化知识型、商务会议型、探亲访友型、主题旅游型、修学旅游型、医疗保健型。如每年春秋两季交易会期间，不少外商到广州洽谈生意，平时为了业务也需要到内地旅行，他们的旅行多是出于商务方面的动机。商旅的特点是消费较高，喜欢住高级套房，为业务交往需要经常在餐厅宴请宾客。他们来去匆匆，说走就走。国内旅游者多数人外出旅游是为了游览名山大川、名胜古迹，轻松、娱乐、增长见识是他们的主要需求。并且现在越来越多的年轻人喜欢富于冒险、刺激的旅游活动，一种国外很流行的健身方式被引入国内，这就是融野外露营、攀岩、漂流、蹦极、沙漠探险等为一体的户外运动。由于这些运动既充满挑战性，又满足了人们的猎奇心理，很快得到年轻人的喜爱，成为流行时尚。所以旅游线路设计者应根据不同的游客需求设计出各具特色的线路，而不能千篇一律，缺少生机。

2.“人无我有、人有我特”的主题突出原则

世界上有些事物是独一无二的，如埃及的金字塔、中国的秦始皇兵马俑，这就是特色。由于人类求新求异的心理，单一的观光功能景区和游线难以吸引游客回头，即使是一些著名景区和游线，游客通常观点也是“不可不来，不可再来”。因此，在产品设计上应尽量突出自己的特色，唯此才能具有较大的旅游吸引力。国内一次抽样调查表明，来华美国游客中主要目标是欣赏名胜古迹的占26%，而对中国人的生活方式、风土人情最感兴趣的却达56.7%，而民俗旅游正是一项颇具特色的旅游线路，它以深刻的文化内涵而具有深入肺腑，震撼心灵的力量。如云南的少数民族风情旅游线路：昆明—大理—丽江—西双版纳旅游线路展现了我国26个少数民族绚丽的自然风光，浓郁的民俗文化和宗教特色。如古老的东巴文化；大理白族欢迎客人寓意深长的“三道茶”；“东方女儿国”泸沽湖畔摩梭人以母系氏族的生活形态闻名于世界；美丽而淳朴的丽江古城；以及纳西族妇女奇特的服饰“披星戴月”装等。这些都以其绚丽多姿的魅力深深吸引着广大的中外游客流连忘返。这些旅游线路和旅游项目在世界上都是独一无二的，具有不可替代性，这也即人们常说的“人无我有，人有我特”。

3. 生态效益原则

生态旅游的产生是人类认识自然、重新审视自我行为的必然结果，体现了可持续发展的思想。生态旅游是经济发展、社会进步、环境价值的综合体现，是以良好生态环境为基础，保护环境、陶冶情操的高雅社会经济活动。生态旅游是现代世界上非常流行的旅游方式，在国外尤其是美国、加拿大、澳大利亚以及很多欧洲国家已经发展非常成熟。她所提倡的“认识自然，享受自然，保护自然”的旅游概念将会是21世纪旅游业的发展趋势。专家认为，草原、湖泊、湿地、海岛、森林、沙漠、峡谷等生态资源和文物一样，极易受到破坏，并且破坏了就不能再生，甚至可能在地球上消失。云南丽江是一个易受破坏的老城镇，但1999年竟有200万人去那里观光，经常是游客比本地人还多。在北京，人们不得不拓宽建于15世纪的天坛(1998年被列入世界文化遗产)周围的矮墙，以容纳更多的游客。有人抱怨说：“天坛上的人太多了，就好像在东京的马路上一样。”敦煌因游客“超载”导致窟内空气湿度过大，对壁画造成损害。华山旅游超载开发，造成许多古树的死亡。现在人们已经开始认识到生态对于景区可持续发展的重要性。从2000年7月1日起，九寨沟将实行游客限量入景区制。如果你是当日排名在1.2万名之外的游客，将被拒绝进入景区。由此，九寨沟成为全国第一个对游客实行限量入内的景区。九寨沟做出这一限客决定，主要目的就是为了更好地保护好九寨沟这个不可再生的世界自然遗产，避免因游客过多而对景物产生破坏。特别是每年的“五一”“十一”两个旅游旺季，游客量猛增，最多时游客竟然达到了3万多人。为避免游客超量，九寨沟管理局目前正在制订预售门票方案，与各旅行社实行联动。另外，一旦游客超量，九寨沟管理局将通过网络、报纸等媒介及时向社会公布。也许有一天，游客要想去九寨沟需要提前三个月预订门票，不知是不是会开始习惯？除了景区采取限制人数以外，部分旅行社也纷纷设计出生态旅游线路。如北京的一家名为"绿色地带生态旅游咨询"公司煞费苦心地设计出几条生态旅游路线，并严格采用国外的生态旅游办法规章，例如限制人数、讲解生态知识、旅游途中的允许操作行为、特殊路线安排等。

4. "进得去，散得开，出得来"原则

一次完整的旅游活动，其空间移动分三个阶段：从常住地到旅游地、在旅游地各景区旅行游览、从旅游地返回常住地。这三个阶段可以概括为：进得去、散得开、出得来。没有通达的交通，就不能保证游客空间移动的顺利进行，会出现交通环节上的压客现象，即使是徒步旅游也离不开道路。因此在设计线路时，即使具有很大潜力，但目前不具备交通要求或交通条件不佳的景点，景区也应慎重考虑。否则，因交通因素，将导致游客途中颠簸，游速缓慢，影响旅游者的兴致与心境，不能充分实现时间价值。

5. 推陈出新原则

旅游市场在日新月异地发展，游客的需求与品位也在不断地变化、提高。为了满足游客追求新奇的心理，旅行社应及时把握旅游市场动态，注重新产品、新线路的开发与研究，并根据市场情况及时推出。一条好的新线路的推出，有时往往能为旅行社带来惊人的收入与效益。即使一些原有的旅游线路，也可能因为与当前时尚结合而一炮走红。如广东"国旅假期"借电影《卧虎藏龙》问鼎奥斯卡最佳外语片和最佳摄影等四个奖的东风，在全国率先推出一条"卧虎藏龙"徽州古民居旅游线路，让更多的游客步入"中国画里的乡村"，观赏被称为"徽州三绝"的牌坊、古祠、民居。皖南徽州古村落的民居群，虽时有所闻，但与黄山的盛名相比，所知者却不多。但联合国专家大河直躬博士、建筑大师贝聿铭、台湾作家琼瑶、导演张艺谋、李安等有识之士不远千里到黄山脚下寻找"中国画里的乡村"，对他们而言，徽州古民居是世界文化的遗产、建筑的立体史书、梦中的世外桃源、《菊豆》的拍摄地、《卧虎藏龙》的梦工厂。也正因为此，这条旅游线路一经推出便成为旅游热线，为当地旅行社创下了不菲的经济效益。

6. 旅行安排的顺序与节奏感原则

一条好的旅游线路就好比一首成功的交响乐，有时是激昂跌宕的旋律，有时是平缓的过度，都应当有序幕—发展—高潮—尾声。在旅游线路的设计中，应充分考虑旅游者的心理与精力，将游客的心理、兴致与景观特色分布结合起来，注意高潮景点在线路上的分布与布局。旅游活动不能安排得太紧凑，应该有张有弛，而非走马观花，疲于奔命。旅游线路的结构顺序与节奏不同，产生的效果也不同。目前，中国旅游者越来越多地将目光投向具有独特风情的澳洲。以澳洲经典十日游的日程安排为例，一般在旅游者经过10小时的飞行之后，首先安排墨尔本市区观光，参观教堂、艺术中心等景点。这是因为旅游者旅途劳顿，并且环境生疏，故先安排以艺术之都著称的墨尔本市内景点游览。这样体力消耗较少，也便于熟悉环境。然后去被喻为"考拉之都"的布里斯班观赏澳洲特产的动物；在冲浪者天堂(Surfers Paradise)——黄金海岸，参加对游人极具吸引力的水上活动如沙滩排球、游泳、冲浪等；以及到悉尼参观举世闻名的悉尼歌剧院，形成旅游三大高潮。作为尾声，则安排堪培拉市区观光，堪培拉以宁静的"大洋洲花园之都"著称。此时旅游者的情绪有所放松，几天紧张而兴奋旅游活动之后，体力和精神都得到调整，结束愉快的澳洲之旅。

（二）旅游线路设计的要素

1. 有利于旅游者达成出行目的

有些旅游景区认知度较低，加之多数旅游者初次涉足，且受主观因素限制，往往导致旅游者进入难、实现难。可以想象，缺乏合理的线路提供支持与服务，仅仅靠旅游者自己“摸着石头过河”，恐怕就会陷入不知所云的地步。旅游线路的设计使旅游者（尤其是日益庞大的自助旅游者）能够依据自身条件与爱好，合理支配时间与费用，有区别地选择自己喜爱的旅游产品。

2. 便于旅游活动的组织与管理

旅游景区涉及内容较多，随着旅游的快速发展，旅游活动的管理难度将越来越大。每逢黄金周，人大量涌动，一些知名景区游人如织，人满为患，超负荷承载，有的景区因秩序混乱而带来资源破坏、生态践踏等许多负面影响。旅游线路的开辟最好能有效地减轻主要景区的人流压力，同时使旅游者相对集中在既定的旅游线路上，方便服务与管理。

3. 有利于旅游产品的优化与组合

特色是旅游产品生命力的所在。旅游线路的设计促使有关部门、单位以及个人依托当地相当丰厚的旅游资源和自身条件，发挥聪明才智，精心打造和组合与众不同、具有持久吸引力的旅游产品和旅游线路，从而推动旅游产品结构和旅游方式的完善。有的景区资源算是丰富，但缺乏特色产品，影响力小，在很大程度上是由于线路整合缺乏合理性、有效性，没有将旅游资源最大化。

（三）旅游线路设计的步骤

首先，要明确旅游的目的。这一点很重要，应该说，明确目的是旅游的重要前提。如增长知识、休闲、锻炼身体、交友等。目的不同，旅游的线路也会不同，旅游的目的地自然也会不同。

其次，要选择旅游的地点。选择地点是决定旅游效果的关键所在。应根据旅游目的选择旅游地点，如滑雪一般会选择北方、休闲一般会选择农村、增长历史见识会选择文化名城、开阔眼界会选择比较发达的大都市、交友会选择比较开放的地方等等。

最后，要制订旅游的规划。这是旅游的重要依据。制订规划，一定要充分考虑旅游的目的，充分了解旅游地点的风土人情、生活习惯、气候特点等。要支持从实际出发，结合自己的时间科学设计旅游时间、出行线路、交通工具、住宿吃饭标准等。

三、范文评析

【例文】

黄山西递双高3日2晚跟团游

第1天　上海—黄山

- 约11:00

火车　行驶时间：约 2 小时 30 分钟

上海虹桥或者上海站自行高铁赴黄山北站，参考车次 G7319 上海/上海虹桥—黄山北(09:38-12:44)或 G7317(08:05-11:40)或 G1509(08:42-11:08)

【全程行驶时间预估 2.5 小时左右，具体以票面信息为准】

- 约 12:00

中餐自理

高铁上自行享用中餐

- 约 14:00

西递景区[此景点有门票景点费用]

行驶时间：约 1 小时 30 分钟　游览时间：约 1 小时 30 分钟

安排专车接站前往桃花源里人家——西递景区(游览时间约 1.5 小时)；走在青石板上，映入眼帘的黑色大理石门框、漏窗，石雕的奇花异卉、飞禽走兽，砖雕的楼台亭阁、人物戏文，及精美的木雕，绚丽的彩绘、壁画……堪为徽派古民居建筑艺术之典范。西递是黄山旅游线上的一颗璀璨明珠，北枕黄山，南眺白岳，交通十分便利。至今仍然保留着明清古民居 300 余幢，其中保存古朴完整的还有 124 幢，素有“桃花源里人家”之称。建筑上的徽派三雕——砖雕、石雕、木雕，工艺堪称一绝，花纹枝丫精细得仿佛一捏就断。而来此写生的美院学生又是另一道风景，也是摄影爱好者们的聚集地。游览结束后返回市区。

- 晚上

晚餐

餐费标准：20 元人民币/人/餐

住宿

黄山徽源饭店

房型：豪华标准间

第 2 天　黄山一地

- 早上

早餐

用餐地点：酒店内

- 约 07:00

黄山[此景点有门票景点费用]

行驶时间：约 1 小时　游览时间：约 8 小时

早餐后乘车前往黄山风景区。(黄山景区分为前山玉屏索道和后山云谷索道，导游会根据现实情况，选择上山线路，游览线路会与此线路相反，望请谅解，缆车费用自理 75 元/人)

黄山为世界文化与自然双重遗产，世界地质公园，AAAAA 级旅游景区，主峰莲花峰海拔 1864 米，与光明顶、天都峰并称三大黄山主峰，为 36 大峰之一。黄山是安徽旅游的标志，代表景观有“四绝”，四绝：奇松、怪石、云海、温泉；除此之外，雾凇、雪景、日出也是黄山独特的景观，每一个都会让你感觉如临仙境。黄山迎客松是安徽人民热情友好的象征，承载着拥抱世界的东方礼仪文化。明朝旅行家徐霞客登临黄山时赞叹："薄海内外之名山，无如徽之黄山。登黄山，天下无山，观止矣！"被后人引申为"五岳归来不看山，黄山归来不看岳"，中餐自理。

黄山风景区游览行程结束后，由导游帮您办理或自己购买云谷索道票，再乘景区公交车到达山下黄山风景区换乘中心。(12月1日至次年2月底黄山索道执行淡季价格65元/人)

- 中午

中餐自理

- 晚上

住宿

黄山君瑞百合大酒店

(或)黄山锦泰精品酒店

- 晚上

晚餐自理

第3天　黄山—上海

- 早上

早餐

用餐地点：酒店内

- 上午

前往游览屯溪老街(游览时间约1小时)屯溪老街街道两旁店家鳞次栉比，多为双层砖木结构，清一色的徽派建筑风格，透溢出一股浓郁的古风神韵。

- 上午

活动时间：约2小时

前往参观【中国徽州文化博物馆】(游览时间约为1小时)，

【谢裕大博物馆】里面基本陈列为《徽州人与徽州文化》(周一闭馆)

- 中午

中餐

餐费标准：20元人民币/人/餐

- 下午

火车

行驶时间：约2小时30分钟

乘高铁返回上海，结束愉快旅途。参考车次：G7192 黄山北—虹桥(15:04-17:57)或G7310 黄山北—上海虹桥(15:59-18:53)

【全程行驶时间预估2.5小时左右，具体以票面信息为准】

以上行程时间安排可能会因天气、路况等原因做相应调整，敬请谅解。

四、注意事项

由于研究角度不同，不同角度对旅游线路的理解不同，而我们所提到的旅游线路主要是从旅行社的角度出发去理解，它是旅行社产品的核心组成部分。

旅游线路设计应该包括内容：

(1)旅游线路时间。总的旅游时间以及整个旅游过程中的时间安排。

(2)目的地(旅游资源的类型、级别等)。主要游览的景区、景点的特色，旅游目的地决定了旅游活动的主要内容。

(3)交通。旅游交通方式和工具。

(4)食宿。旅游住宿的酒店或宾馆的等级，客房的标准，餐饮的种类和标准。

(5)活动安排。旅游线路设计核心所在和重点内容，旅游活动的安排直接影响到旅游线路对旅游者的吸引力。

(6)服务。接待和导游服务。

(7)价格。一般来讲是一个比较笼统的价格。

五、写作实训

请你为参加南水北调中线源头游的20名北京市民团(男士近半，50岁左右)规划旅游线路。

☞ 知识链接

区别于传统的"吃、住、行、游、购、娱"六要素式的成团旅游，定制旅游将目光投向了人们日益增长的个性化需求，旨在提供个性化、高品质的体验式旅游。"个性"成为定制旅游的关键词。与传统旅游由旅行社单方面提供行程线路不同的是，定制旅游要求游客自己参与到旅行定制的过程中。对于旅行定制师来说，游客的需求与个性的想法是他们需要获取的最关键的信息。于是，如何挖掘客户的不同需求成了他们必需直面的问题。善于沟通是基本的要求。需求对接是一个关键的环节，有时候客户的需求并不是十分明确，还需要在沟通中进行一定程度的引导。然而高门槛并不意味着高价格。定制旅游是完全根据客户的个性需求来设计旅游路线，时间自由，丰俭也是自定的。客户的预算也是旅行定制师在设计旅游路线时需要考虑的一个因素。

项目二十二　实验报告

☞ 学习目标

- ◆ 掌握实验报告的结构特点。
- ◆ 掌握实验报告的特点和写法。
- ◆ 培养创新思维和原创意识。

一、情境导入

夏季到了，汽车难免在太阳下暴晒。许多人反映，汽车暴晒后，车内的甲醛含量会升高，散发出刺鼻的气体。这是不是真的呢？2013 年 7 月，成都某报联合央视财经频道某栏目组，邀请清华大学环境学院专家进行了 3 组实验，检测暴晒后的车内甲醛、总挥发性有机物含量。实验小组分别将三辆汽车放在正常温度的大厅，用专业设备提取车内空气样本。10 分钟后，样品提取完毕。再将实验车辆停放在阳光直射的场地，暴晒 1 个小时，用相同方法提取车内空气样本。最后将暴晒前后的车内空气样本送至实验室进行检测。最后得出结论为：汽车暴晒后，甲醛的浓度有显著上升，总挥发性有机物也有显著上升。

实验是我们进行学习和科学研究活动的重要方法和途径。通过观察，把实验的过程和结果记录下来，写成文章，就是实验报告。

二、知识梳理

(一) 概念

实验报告是在科学研究活动中为了检验某一种科学理论或假设，通过实验中的观察、分析、综合、判断，将实验的全过程和实验结果用文字形式记录下来的书面材料。

(二) 特点

1. 客观性

实验报告是进行科学研究的一种手段，因此应如实记录实验过程。在实验中观察到什么，记录什么，所记录的现象、实验数据和结果必须真实可靠，经得起科学检验。

2. 说明性

实验报告大多以说明、叙述为主要表达方式，在说明过程中不需要展开联想和抒发感情。应如实说清楚实验过程和结果，并不强求圆满的实验结果。

3. 简明性

由于实验报告是客观性、科学性很强的文章，因此其语言应具有简明、准确的特点。

(三)分类

(1)按照实验报告内容不同，可以分成检验型的实验报告和创新型的实验报告。检验型的实验报告是指通过实验对某一科学定律或结论进行验证。一般来说，大学生所做的实验报告常常采用检验型的实验报告。创新型的实验报告是指科研工作者为进行一项新的科学研究或是改进、改正一项实验方法，由此而形成的实验报告。

(2)按照实验报告的结构形式，可以分为表格式实验报告和文章式实验报告。

(四)格式

实验报告的格式并非千篇一律，不同学科、不同类型的实验，其写法也有所不同。一般情况下，实验报告的基本结构主要包括以下几方面：

1. 实验名称

实验报告都有自己的名称，也即标题，要求用准确、简洁的语言概括反映实验的内容，如《影响滑动摩擦力大小的因素》《水污染控制实验报告》等。

2. 实验目的

实验目的指进行实验的理由，要求表达得简明扼要。

3. 实验原理

对实验相关的主要理论依据进行阐述。有的实验要给出计算公式以及公式的推导，如光学实验要给出光路图，电学实验要给出线路图等。

4. 实验的仪器设备或材料

写明实验所用仪器设备或材料的名称、规格、型号、数量。对于化学实验中的试剂，还应标明其形态、浓度、化学成分等。

5. 实验步骤和方法

实验步骤就是实验进行的程序，通常是按操作时间先后分成几步进行，并在前面标上序号，将实验的过程及观察所取得的结果写清楚。

6. 实验现象和数据分析

这一部分是实验报告的关键内容，主要是对实验记录的处理。需要列出实验所取得的数据、描述观察到的现象等，在对实验现象和数据进行分析的基础上得出实验结果。一般应将数据整理好，列出表格，分好类，按一定顺序排好数字、表格或图，并作必要说明。引用的数据必须是真实的，图与表格要符合规范要求，数字的记录方法和处理方法要符合规定，否则将会使整个实验报告失去价值。

7. 实验结论

实验结论是根据实验结果做出的最后判断，是对实验的一个总结，主要说明本实验取得了哪些新结果，该结果有何价值、作用和意义，或者本实验验证或发展了哪些科学理论等。语言要严谨、客观、准确、简练。

三、范文评析

【例文】

电子商务实验报告

实验学时：8 学时

实验类别：专业基础实验

每组人数：1 人/组

实验名称：B2C、B2B

一、实验目的

(1)通过模拟 B2B 实验中的买方和卖方角色，在系统中发布商品，查找商品，进行模拟交易操作，利用模拟过程了解 B2B 交易模式中的交易流程和注意事项。

(2)通过模拟 B2C 实验中的个人消费者和商品发布商角色，在系统中发布商品，查找商品，进行模拟交易，利用模拟过程了解 B2C 交易模式中的交易流程和注意事项。

(3)了解 B2C、B2B 实验中各个角色的功能和任务；掌握电子商务 B2C、B2B 系统的交易流程。

(4)掌握电子商务 B2C、B2B 实验中角色的配合；通过模拟与操作可以将理论知识加以巩固，有效地理解电子商务流程。

二、实验内容

本实验项目以华普亿方电子商务模拟系统为平台，模拟 B2C、B2B 商务环境中各种商务角色的运作过程，完成各项具体交易行为。

三、实验步骤

1. B2B

(1)登录 B2B 系统，注册个人用户，等待认证。

(2)获得认证后，登录用户，进入个人控制平台，完善个人公司资料。

卖方：

(1)发布商品；(2)查看新订单；(3)确认价格；(4)查看订单；(5)拟发合同；(6)查看合同；(7)发货申请；(8)收款；(9)进入个人控制平台查看收货通知；(10)登录网上银行查看资金增加。

买方：

(1)搜索商品；(2)询价；(3)查看新订单；(4)确认价格；(5)查看新合同；(6)确认合同；(7)等待短信通知；(8)付款；(9)提货；(10)查看自己的商品库。

2. B2C

(1)登录 B2C 系统，注册用户，扮演两个角色：个人消费者和发布商。

(2)申请网上银行个人账号。

个人消费者：

(1)搜索商品；(2)选择商品；(3)收银台；(4)付款结账；(5)提交订单；

(6)网上汇款；(7)提货。

发布商：

(1)添加商品；(2)选择分类；(3)定价；(4)发布商品，商品管理；(5)订单处理；(6)账户查询。

四、实验结果与分析

1. B2C 的试验结果及分析

在这次试验中，我顺利完成了居民、商店、银行、快递公司的注册及后面的申请银行账号、买卖商品、运送商品等步骤，也对 B2C 每个角色应完成的部分有了更好的了解。

居民：注册→申请银行账号(信用卡)→申请商店会员→订购商品→完成网上转账→接收商品→签下回执→完成。

商店：注册→申请银行账号(存折)→采购商品→审核会员→接收货款→签订快递合同→完成银行转账→完成。

银行：注册→审核申请→通过申请→账户查询→交易查询→网上转账中间人→完成。

快递公司：注册→申请银行账号(存折)→接受订单→完成订单详情查询→发送商品→取得回执→完成。

2. B2B 的试验结果及分析

在这次试验中，我完成了厂商、外贸公司、内贸公司、零售商的公司注册及认证，并成功地完成了产品生产、发布消息等前期准备，在后来的合同生成、交易货物时虽然碰到些问题，最后也是顺利解决。

厂商：注册→生产→发布信息→接收意向→同意合同→备货→发货→生成发票→收款→确认→完成。

外贸公司：注册→寻找供应商→发送意向→制定、发送合同→完成合同→收货→查收发票→付款→确认→完成。

我觉得这次实验做得很开心、很有意义。虽然在做的过程中出现了一些问题，不过最后还是顺利地解决了。我们的实验只有经历过挫折和问题之后，待我们解决问题之时，才显得弥足珍贵，获得的知识才更真实可靠。

在实验的过程中，我对电子商务有一些感触，B2B 电子商务是企业间的电子商务。通过这次实验，我学到很多东西，对电子商务这门课程有了更深刻的理解，认识到电子商务在今后发展的必然趋势以及熟悉电子商务知识和熟练操作电子商务系统的重要性。同时我更深刻地认识到电子商务的特点和应用领域，学习和体会到了电子商务的核心思想。在亲身实践电子商务的过程中学习和提高。在这个模拟中，通过居民、物流公司、商家、银行，我对电子商务主要的交易流程和核心理念认识得更透彻。

在不同角色的参与过程中，我更加认识到掌握实际应用技能的重要性。在现代信息时代中，很多种交易都是通过网络实践的，掌握这方面的知识越来越重要了。这是一个非常好的实训机会，让我们能够对电子商务有更深的认识，感受到它的优越性。

感谢学校为我们提供这样的操作平台，让我们有机会把理论和实践相结合，感谢张老师的耐心指导，让我们得以顺利完成实验。

五、实验中的问题处理

1. 一开始找不到思绪

解决方法：与相对有经验的同学交流，并积极向他们请教。

2. 步骤流程很容易混淆

解决方法：认真做好每个流程，做好笔记，方便做好下个流程。

3. 急于求成，步骤没有做完善

解决方法：劝诫自己必须耐心，做好每一步骤；做好流程图。

六、实验体会和总结

在这次的电子商务实验中，挫折与成就感并存。一开始的时候，常常摸不着头脑，也是因为自己急于求成，感觉完全没有思绪，就是瞎做一通。后来，请教了一下比较懂门道的同学，加上自己仔细研究了目录，渐渐有了明确的思路，做起来也就得心应手了。特别想提的还有一点：细节与耐心是很重要的。

这是一次有趣又实用的实验课。通过这实验，在短暂的时间里我初步接触到B2C、B2B电子商务的流程，完成了各项交易。虽然平常也经常网购，但也只是以一个消费者的身份了解其流程，这次实验多个角色都由自己完成，更加深刻地了解到B2C的整个流程，也懂得了商品的内贸交易及外贸交易。同时，深刻地体会到理论与实验相结合的重要性。

这次实验极大地培养了我的自学能力，没有老师的全面指导，没有充分的基础和准备，在实验的几个小时里，自己逐渐摸索，一步步实验，最后得到的喜悦是无法言语的。我认为像这样的实践课是非常有意义的，它比抽象难懂的理论课更加吸引人，更加锻炼一个人的自学能力。

这次实验让我更深刻地认识到电子商务的特点和应用领域，学习和体会到了电子商务的核心思想。在亲身实践电子商务的过程中通过各个不同角色，让我对电子商务主要的交易流程和核心理念了解更深。

此外，在模拟实验中，我对于电子商务本身存在的一些风险有些想法。比如，认证中心的证书是不是可以被仿冒和替代？本身的数据库能不能防住黑客的攻击？顾客的利益和隐私能不能得到切实的保证？网上资金的交付会不会被不法分子拦截或者盗取……如果有这些情况发生，谁该为其后果买单？

总之，这次的实验让我学到很多的东西，以后我都将保持良好的心态，积极向上地面对各种困难。

评析：这篇实验报告从实验的目的、内容、步骤、实验结果和分析再到问题反思，结构完整，层次清晰，内容非常具体和充实。

四、注意事项

(1)要写好实验报告，首先要做好实验，实验若不成功，实验报告也难以完成。应做好实验前的准备工作，按实验的要求、步骤进行操作，认真观察实验，做好实验记录，不能随意修改实验数据，更不能伪造数据。这是写好实验报告的前提。

(2)多用说明的表达方式来表述实验过程及结果。

(3)要充分利用图表来说明实验过程和实验结果。图表是表达实验结果的有效手段，它比文字描述更为直观和简洁。

(4)实验报告是一种说明文体，语言力求简明、准确、客观，不要求生动和形象。

五、写作实训

请结合某一专业课程的实验，写一份实验报告。

☞ 知识链接

美国计划开展长达3年的火星旅行，因此美航天局有必要对宇航员进行测试。

实验对象：一对双胞胎宇航员。

实验过程：一个留在地球，一个送到国际空间站。

实验目的：观察宇航员长时间太空飞行的身体变化。

参加实验者是历史上唯一一对双胞胎宇航员，他们兄弟俩能达到实验需要的生物标准(同卵双胞胎来自同一个受精卵，有着相似度最高的DNA)，又有宇航员的身体素质与技术要求，可以说是独一无二的实验对象。

实验开始，研究人员先分别采集了两个双胞胎兄弟的DNA样本，再把兄弟俩中的哥哥斯科特·凯利送往国际空间站工作和生活约一年，弟弟马克·凯利则留在地球生活。在国际空间站工作340天后的哥哥斯科特·凯利回到地球，再次被采集DNA样本，进行比对，研究人员希望知道，经过长期太空生活的人类健康情况。

实验结果：

威尔·康奈尔医学院发表的一篇关于“太空基因”的论文指出，93%的基因表达在斯科特返回地球后恢复正常，但仍有数百个基因处于混乱状态。

当科学家进一步对处于混乱状态的基因进行研究时有惊人的发现，真核细胞线状染色体末端的一小段DNA竟然被拉长。

不急，我们先来介绍一下被拉长的是什么，真核生物染色体末端的DNA重复序列，简称端粒(英语：Telomere)，作用是保持染色体的完整性和控制细胞分裂周期。由于DNA复制的机制，每次染色体复制后，延迟股上的染色体末端必无法被复制。因此，真核生物在染色体末端演化出端粒以作为可被重复遗弃的片段。一旦端粒消耗殆尽，细胞将会立即启动凋亡机制。简单来说，DNA末端的端粒，反映出细胞的寿命和再生能力。端粒越短，表示细胞的分裂能力越弱，端粒越长，表示细胞分裂能力越强，如果端粒完全磨损掉，细胞就停止分裂，走向死亡。

科罗拉多州立大学的癌症生物学家贝莉表示，正常人的细胞端粒会随着年龄的增长而渐渐缩短，辐射、污染、压力等因素都有可能导致它加速变短。奇怪的是，在太空站待了340天后回来的斯科特·凯利，他的端粒竟然比上太空前更长。从理论上说他是比一年前更年轻了，很有可能太空唤醒了细胞的某部分潜能。美中不足的是，被拉长的染色体终端端粒，在斯科特·凯利回到地球的半年后恢复到正常长度。科学家并没有确定其中原因，只介绍了部分产生基因变化的可能，包含太空辐射、零重力环境对生理带来的冲击、高能带电粒子辐射等。

这个实验原本的目的只是测试宇航员的身体变化和适应能力，却无意中有了惊人发现。究竟在太空是否能越活越年轻，最好还是亲自验证，上去待一段时间……

拓展模块

项目二十三　规章制度

☞ 学习目标

- ◆ 掌握规章制度的概念和特点。
- ◆ 掌握规章制度的结构和写法。
- ◆ 培养规范意识，能够按照要求撰写合理的规章制度。

一、情境导入

“没有规矩，不成方圆。”在日常生活中，规范和制度无处不在、无时不有。随着社会的进步和发展，企业越来越重视规章制度的重要性。规范和制度是企业正常运营的基本保证。公司的每一个部门，都会依据本部门的职能制定相应的规章制度，以保证本部门工作顺利、高效地进行。

小王在一家国营建筑公司的人力资源部工作，为了避免公司员工发生早退、迟到、旷工等违纪行为，严肃劳动纪律，公司让他起草一份员工考勤管理制度方面的文件，小王该如何写作呢？

二、知识梳理

(一)概念

规章制度是国家机关、社会团体、企事业单位，为了维护正常的工作、劳动、学习生活的秩序，保证各项工作的正常开展，依照法律、法令、政策而制定的具有指导性与约束力的应用文。

规章制度的使用范围非常广泛，对社会经济、科学技术、文化教育事业的发展，对社会公共秩序的维护，都有着十分重要的作用。

(二)特点

1. 规范性与约束力

规范性是规章制度的首要特点。规章制度明确规定了应该做什么，不应该做什么，一经制定并公布施行，就起到规范人们行为的作用。有一些规章制度还具有行政约束力。如果任意为之，违反有关条款，就要受到相应的处罚。

2. 严肃性与稳定性

制定规章制度应严肃对待，不能草率从事。制定前应认真进行调查研究，广泛听取各方意见，要符合本地区、本系统、本单位的实际，实事求是，切实可行。规章制度既然是人们的行为准则，就不宜经常变动和修改，应具有一定的稳定性。这并不是说规章制度是一成不变的，在条件成熟的时候或者环境发生了变化，应及时修改并加以完善。

3. 明确性和具体性

规章制度主要回答“怎么办”或者“应该如何”“不得怎样”之类的问题，为了便于执行和检查对照，规章制度条款的拟定必须明确具体。一般一条集中写一个意思，措辞准确、严谨、周密、完善，避免遗漏、歧义或前后矛盾，以防发生误解、疑惑或对同一条文有多种不同理解。

(三)种类

规章制度是一个总称，它的种类比较多，常见的规章制度有章程、规程、办法、规则、细则、守则、须知等。常见的公约有学习公约、班级公约、服务公约、卫生公约等。下面主要介绍常见的几种规章制度。

1. 制度

制度是机关、团体和企事业单位为加强对某项工作的管理而制定的要求所属有关人员共同遵守的行为准则，如《××厂用电管理制度》。

2. 守则

守则是系统、行业、单位为有关人员制定的自觉遵守的道德规范和行为准则，如《高校学生守则》《汽车驾驶员守则》等。

3. 公约

公约是一定范围或行业的社会成员在自觉自愿的基础上，经过充分酝酿制定的、共同遵守的道德规范和行为准则，如《××班卫生公约》《居民文明公约》。

(四)格式

规章制度通常由标题、正文和落款三部分组成。

1. 标题

规章制度种类不同，标题的写法也不完全一样，有的由机关、团体或各类组织的名称以及文种名称两部分组成，如《中国书法家协会章程》《上海××工贸公司章程》；也有的是以单位名称、内容范围、文种名称三部分组成，如《中国银行外币存款章程》《××百货商场服务公约》《××学院关于鼓励青年教师积极参加社会实践的规定》。如果规章制度在内容上还不够成熟，可以在标题内写明“暂行”“试行”等字样，如《高等学校学生行为准则(试行)》。

2. 正文

正文要写清楚规章制度的具体内容，一般包括开头、主体、结尾三个部分。

(1)开头部分写明制定该规章制度的依据、目的、适用范围、指导思想和要求等。有的规章制度，如一些组织的章程，一开头则说明该组织的性质、宗旨。开头所写内容可以视具体情况而定，写法也可以灵活掌握。可以“总则”的形式作为第一章，下面再写条款；可以写成一两个条款放在开头；也可以在条文之前加一个前言等。有些内容简单的规章制度开头往往省去这部分内容。

(2)主体部分写明规章制度的实质性内容，具体规定大家必须共同遵守或执行的事项。在“总则”之下各章称为“分则”，每章下分若干条，每一条写一个具体问题，条的序数不分章单排，而是从整个规章制度的开头排起，连续排到文件的结尾。如果内容多，为叙述方便，每条下可再分若干款，但一般不写“第×款”，只用序码。

(3)结尾部分又称为“附则”。这一部分是对文件主体的补充和说明。一般要写明违反规章制度的处罚办法与规则、生效日期、执行权、解释权以及其他未尽事宜的解决办法。适用对象和生效日期也可写在附则内。内容比较复杂的规章制度比较适宜于采用分章式结构，即全文分成若干章，各章下又分若干条，有的条下还设款的形式。还有一些内容比较简单的规章制度，可采用分条式写法，即只分条目不分章节，如学生守则、阅览须知等，其结构形式较为简单，一般只写一个标题，在开头说明缘由、目的、要求等，然后分条列出规章制度的具体内容。

3. 落款

写明制定者的名称和实行日期，一般写在正文结尾后面。已在标题中写明单位名称的，这里就不必重复。实行日期也可写在标题下面。有的规章制度从公布起需要长期实行的可以不写日期。凡要写日期的，就应具体写明年、月、日。

三、范文评析

【例文】

门卫管理制度

一、门卫是本厂精神文明的窗口。门卫工作人员在值班时间务须衣饰整洁，对来访者以礼相待，态度和蔼。

二、门卫工作人员必须坚守工作岗位，做好安全保卫工作。

三、传达室内除正常工作人员及外来联系工作人员以外，任何人不准在室内谈天闲坐。外来联系工作人员必须出示介绍信，并进行来访登记，然后方可进厂。

四、上班时同谢绝会客。凡私人电话，除急事外一般不传呼。集体参观必须持有上级主管部门的介绍信，并事先与本厂有关部门联系同意后才能参观。个别参观、照相一律谢绝。

五、凡本厂职工上班，一律不准带小孩，不准带零食，不准穿拖鞋。进厂时必须衣冠端正，佩戴厂徽(佩在左胸上方)，未佩戴者登记上报。外包工、临时工、外来学习培训人员应出示临时工作证。

六、凡本厂职工迟到者必须登记；在上班时间因公外出者，应持有出厂证；凡批准病假、事假、调休等人员应持有准假证。所有持证人员必须在门卫登记后才能出厂。无证出厂者，门卫有权登记并及时上报人保科。

七、凡厂内的原辅材料、生产设备、工具零件、成品、半成品等一切物资，一律凭成品物资出厂单或实物现金发票出厂联出厂，凡私人持包等物出厂要主动向门卫打招呼。对不符合手续出厂的物品，门卫有权询问、检查或扣留。

八、各种车辆按指定地点停放，未经批准不准进入厂内。

××市××化工厂

××年×月×日

（资料来源：例文选自曾昭乐编著：《现代实用写作》，中山大学出版社 2011 年版，第 137 页，有改动。）

评析：这篇《门卫管理制度》采用的是分条式的结构形式，全文共八条，包括对人员、物品、车辆的管理。条款虽然不多，但写明了具体标准和措施，条理清晰，规定明确，便于执行。

四、注意事项

（1）规章制度是对有关人员具有约束力的文件，因此制定规章制度以方针、政策为依据，以严肃审慎的态度进行拟制。

（2）规章制度是要有关人员共同遵守的，照章办事的，因此，文字表述要求简练明确、严密，概念准确，语气肯定，遣词造句合乎规范。忌用语义含混、笼统、易产生歧义的词语。

（3）规章制度还必须结合本单位或本部门的实际情况，要有针对性、可行性。

（4）内容要全面系统、考虑周到，不能遗漏掉某方面内容。对内容的简述要分章分节交代清楚，条款分明，不能模棱两可，更不能前后矛盾。让读者明确“应该如何”和“不应该如何”。

（5）规章制度订立以后要定期检查，发现有不合适或不完善的地方，及时修改补充。

五、写作实训

（一）写作实训

请为本人所在班级或宿舍起草一份文明公约。

（二）拓展训练

小汪自己创业，在校园内开了一家奶茶店。炎炎夏日，奶茶店生意颇为兴隆，因此他招聘了几个员工。人多了，事情也多了，员工管理需要加强。假如你是小汪，请拟写一则奶茶店管理规章制度。

☞ **知识链接**

著名企业的员工管理制度

一、三九集团的非升即走员工管理制度

据了解，深圳三九集团明确规定不同管理职务有任职期限，工作人员超过其任职期限未晋升高一级职务者，就要按规定离开本企业。这就从员工管理制度上保证了人才流动的经常化、正常化，能够不断腾出空缺职位，不断补充新人。

二、海尔集团的“三工”动态转换员工管理制度

在海尔集团，员工分为试用、合格、优秀三种类型，三类员工在严格考核的基础上实行动态转换。凡新进员工均有一定试用期。试用期满，如果符合职位要求，即可转为合格员工。在试用期中表现优异、有发明创造者可提前转为合格员工。合格员工中的佼佼者即可转为优秀员工。与此同时，合格员工也可能因为工作中的失误而转为试用员工，优秀员工也可能因为工作中的失误而转为合格员工或试用员工。

三、美国通用电气公司的卓越管理者制度

总裁韦尔奇公开宣称，凡不能在市场处于前列的企业，都会面临被迫卖或裁撤的命运。随着企业的迫卖或裁撤，原来的企业经营者就被自然解除了职务。

四、华为集团的年度考核强制淘汰制度

华为集团的管理人员每年都要进行严格的年度述职考核，对排名靠后的人员实行强制竞争淘汰，淘汰率5%~10%。被淘汰的人员将接受一段时间的培训后重新分配。在新岗位上的工作如果仍排名靠后，就将到一线去当工人。

五、南风集团的全员竞争上岗制度

山西南风化工集团对未担任领导职务的人员实行全员竞争上岗制度。全员竞争上岗大大激发了广大员工的工作热情和劳动积极性。而今，在南风集团职工中叫得最响亮的口号是“今天工作不努力，明天努力找工作”。1998 年上半年，集团公司有 60 多人下岗，60 多名预岗班的人员通过竞争上岗。

六、南风集团和中原油田的职工满意度评议员工管理制度

为加强职工对企业领导成员的监督，增强领导者的民主意识，做到干部能上能下，南风集团坚持每年对领导者进行一次职工满意度评议，职工满意度达不到60%的予以解聘。1997 年共有 3 人因此被解除领导职务。据了解，中原油田决定干部升降的不是领导，而是部下。经过全体职工的无记名投票，60%以上的部下认为称职、50%以上的部下认为廉洁的领导干部才具有继续留任或升任的竞争资格。

七、南风集团的员工责任分割制度

为明确工作责任，强化业绩考核，废除领导职务终身制，南风集团对领导者和直属下级人员实行责任分割管理制度。凡下属人员没办好的事，责任按 4 : 6 分割，直接领导承担60%的责任。1997 年 3 月，就有 2 名厂长、4 名科级干部依此项制度免职，其中一名是安全处长。

八、波音等公司的裁员制度

美国波音公司等企业通过裁员，达到防止人才沉淀的目的。据统计，1996 年 1 月，西尔斯公司裁员 6 万人；1996 年 2 月，波音公司裁员 25 万人；1996 年 7 月，IBM 裁员 6 万人；1997 年 5 月，数学设备公司裁员 2.4 万人；1998 年 4 月，AT&T 公司裁员 4 万人。

九、功不抵过员工管理制度

通过严格企业工作人员管理、严格组织纪律、依据党纪国法实施惩戒等种种措施，即时淘汰不称职人员和腐败者。

项目二十四　合　同

☞ 学习目标

- ◆ 掌握合同的概念和特点。
- ◆ 掌握合同的写作格式和写法要求。
- ◆ 培养法律意识和规范意识。

一、情境导入

合同是什么？人们用合同能做些什么？合同，中国古代称之为“契约”，“契”的本义是“刻”，后来也有契约的意思。古代人们在交往中将约定的事用刀、笔等工具刻写在金属、木材、竹子等载体上，一分为二，各执一半，需要验证时，将两半合在一起，相合即有效。契约用以表示对许诺事项的信守。作为现代词语的合同，就是两个或两个以上的当事人之间为实现一定的目的，明确彼此权利和义务的协议。人类通过不停地交换得到自己需要的东西，交易离不开合同。西方有句谚语说：“财富的一半来自合同。”你在日常生活中遇到过合同上的问题吗？其实，在日常生活中，我们几乎每天都要与合同打交道，到食堂买饭，到电影院看电影，甚至在自动售货机买一瓶水，都属于合同范畴。比如，我们乘坐公共汽车，和公交运输公司之间就产生了合同关系：我们购买了车票，就可以享受安全乘车到目的地的权利，公交运输公司则要履行相应的义务。当大家走上工作岗位后，合同的使用会更加广泛。合同与我们的关系如此密切，因此，我们需要学会写合同。

二、知识梳理

(一)概念

“合同”在我国古代已经存在，原是指各方执以为凭的契约、文书。《周礼·秋官·朝士》云：“凡有责者，有判书以治则听。”所谓“判书”即契约书。清代翟灏所著的《通俗编·货财》中指出：“今人产业买卖，多于契背上作一手大字，而于字中央破之，谓之合同文契。商贾交易，则直言合同而不言契。其制度称谓，由来俱甚古矣。”

《中华人民共和国合同法》(以下简称《合同法》)第一章第二条对合同的概念有明确的规定：“合同是平等的自然人、法人、其他经济组织之间设立、变更、终止民事权利义务的协议。”因此合同书又称协议书。它属于法定文书，其写作活动必须遵守《合同法》及相关法规。

(二)合同的特点

(1)合法性。合法性有两层意思：一是指合同的内容与签订合同的程序必须符合《合同法》及相关法规；二是指合同作为一种法律行为，其本身虽不是法律，但作为一个合法的合同，它具有法律的效力，受到国家法律的保护；而不合法的合同，不但不受国家法律的保护，甚至还会受到法律的制裁。

(2)平等性。《合同法》第三条规定："合同当事人的法律地位平等，一方不得将自己的意愿强加给另一方。"平等性要求合同当事人享有平等的权利，也必须履行平等的义务。也就是任何合同的签订，都必须遵守一个基本原则：平等互利，协商一致。

(3)自愿性。《合同法》第四条规定："当事人依法享有自愿订立合同的权利，任何单位和个人不得非法干预。"自愿性是指合同是在当事人知晓权利义务的情况下依自己的意愿订立的，任何采用欺诈、胁迫等手段，或代理人超越代理权限签订的合同均属无效。

(4)约束性。依法签订的合同，对当事人具有法律的约束力。当事人应按照约定，认真履行自己的义务，不得擅自变更或者解除合同。因而合同一旦签订，就如同给自己的权利划出了一块活动的范围，你不能超出这个范围，否则将承担违约责任。

(三)合同的种类

按照不同的分类标准，合同的种类也不相同。

按合同格式可分为：表格合同、条款合同、表格条款结合式合同。

按合同签订方式可分为：口头合同、书面合同。

按合同内容，《合同法》规定主要有15种类型：买卖合同、供用电、水、气、热力合同、赠与合同、借款合同、租赁合同、融资租赁合同、承揽合同、建设工程合同、运输合同、技术合同、保管合同、仓储合同、委托合同、行纪合同、居间合同。

(四)合同的格式

合同的种类虽多，但结构相对稳定，一般分为四个部分：

1. 首部

合同的首部由以下几个部分构成：

(1)标题。标题即合同的名称，以表明合同的种类及性质，一般由合同事项加文种构成，如"买卖合同"。当然，合同的标题也可以写得比较具体，如"工矿产品购销合同""××铁路局货物运输合同"。

(2)编号。合同的编号一般位于标题右下方。

(3)当事人名称及住所。该部分一般位于标题的左下方，当事人的名称和住所应写全称，不得用简称、代称或代号。为了行文方便，当事人后面可加括号注明"甲方""乙方"，或根据合同内容称为"借方""贷方""供方""需方"等。

(4)签订合同的时间和地点。有的合同也将时间和地点放在合同的最后。

2. 正文

正文是合同的主要内容，由两个部分构成：

(1)引言。引言是合同正文的开头，一般应写明签订合同的依据、范围、经过和目的。常用的句式有“为了……”“根据……”“经过……”等。如“根据《合同法》和《建设工程勘察设计合同条例》的有关规定，经双方协商一致，签订本合同，以资共同遵守”。

(2)合同条款。合同条款是合同的主体部分，是双方享受权利、履行义务的法律依据。按照《合同法》的规定，合同的条款一般包括以下几个部分：

①标的。标的是合同当事人各方权利和义务共同指向的对象。通俗地讲，标的就是合同的“交易物”或“成交物”。

②数量和质量。标的的数量，是指合同成交物的多少、轻重、大小。标的的数量条款，一般由数字、计量单位、计量方法、各种数量误差的规定这四个要素组成。标的的质量是对标的质的方面的要求，它往往是决定标的价格高低、质量优劣的重要因素。

③价款或者报酬。这是取得产品、接受服务的一方向对方所支付的以货币数量表示的代价。除少数采取以物易物或以劳务换劳务的合同外，绝大多数合同都必须有价款或者报酬这一款。

④履行期限、地点和方式。履行期限是指当事人完成合同规定义务的时间范围；履行地点是指当事人履行合同的地点；履行方式是指当事人履行合同义务的具体做法。

⑤违约责任。违约责任是指当事人不履行合同或不恰当地履行合同时所应承担的责任。它是维护当事人双方合法权益的一种办法。

⑥解决争议的方法。这是指在履行合同时，合同的当事人发生争议后所采取的解决方法。

3. 尾部

合同的尾部包括以下几个方面的内容：

(1)附则内容。附则主要指合同的有效期、份数、保存方法等。

(2)当事人签名、盖章(若代表单位，应由法定代表人签名并加盖单位公章)、法定地址、电话、开户银行和账号等。

(3)签约日期。

4. 附件

它是对合同条款的相关说明材料及证明材料，如图纸、样品、表格、相关的文书等。附件是合同的组成部分，具有同等的法律效力。

(五)合同主要条款的写作

合同条款既是合同的主要内容，也是合同写作的重点。下面分别加以说明。

1. 标的

标的可以是实物，如在鲜藕购销合同中，标的就是鲜藕；标的也可以是一种行为，如在运输合同里，标的就是运货这种行为。标的还可以是货币或者服务，是某项智力成果或精神产品。没有标的的合同，是无法执行的。所以，合同不仅一定要有标的，而且标的在合同中必须非常具体、准确、完整，否则在执行中就会产生不同的理解，带来纠纷，造成损失。如湖北省某单位曾委托某国际贸易公司进口某种原材料若干吨，因在标的名称的抄写时漏写了一个英文字母“B”，结果此物成彼物，造成巨大的经济损失。

因此，撰写标的时，如标的是商品，一定要把商品的名称、商标牌号、型号规格、花色品种、出产地、生产厂家、出厂日期、配套件等一一注明。只有在标的条款里对该商品区别其他任何一种同类商品的主要特点逐一写清楚，才符合标的的撰写要求。如是农副产品，其标的就不能简单地写成“西瓜”“火腿”“盐蛋”等，而应准确、完整地标示出其产地、品种等，因为不同地区、不同品种的同一类农副产品，其质量和价格有很大的区别。

2. 数量

首先，标的数量的数字要准确，包括小数点和 0 在内，不能错；不能随便使用“约”这样的字。

其次，计量单位要明确，必须使用国家统一规定的计量单位，如克、千克、吨，或元、角、分，或立方米、平方米等。如果是一项智力成果或精神产品，计量单位可以是一套(图纸)或一部(书稿)等。计量单位不能用含义不明确或模棱两可的量词，如“打”“堆”“捆”“垛”等，以免产生歧义而引发纠纷。例如某建筑队因需一批黄沙，为此，与某沙石公司签订了供应合同，数量 100 车，每车 100 元。沙石公司先用 8 吨的卡车运，后用 4 吨的车运，再后用 2 吨的车运。结果结算时，因计量单位“车”的不明确性，双方发生纠纷。

再次，计量方法要标示清楚，必须正确。如对交易物重量的计算方法，就有毛重、净重、公重、理论重量之分。又如标的是一种劳务的话，其计量方法则可以是人数乘以天数，共需多少工时。

最后，对交易物数量的计算，应规定出各种误差要求和误差的允许范围，如合理磅差、自然损耗率、超欠幅度、交货数量的正负尾差等。只有合同对标的数量的各种误差范围事先作出明确规定，才能避免很多不必要的纠纷。

3. 质量

合同标的的质量技术要求和标准一定要详细具体，因为质量条款是一个关键性的条款，也是最容易引起纠纷的条款。

标的如果是一种行为或劳务，衡量这种行为或劳务的质量标准，就看它能否满足合同委托方的需要，这种需要也必须在合同里写清载明。标的如果是一项智力成果或精神产品，同样应规定质量的检验标准。如一份约稿合同，衡量文稿质量的标准就应是有关专家的审稿意见。标的如果是某种物，其质量就应是该物满足人们需要的属性，如该物的内在性能、外观形态、包装质量等。标的如果是工矿或机械产品等，则国家、部委或地方都有相应的质量标准，而且每一种质量标准，都有一整套方法、数据、资料作为质量检查的内容和根据。至于有些经双方协商议定质量标准的合同，则应采取“立标封样”的办法。双方把样品共同封存，各自盖章，各存一份，作为今后质量检验时的一个实物依据。

4. 价款或者报酬

撰写此条款时，应注意以下几点：(1)确定价款或者报酬标准的原则；(2)必须明确规定价款的货币种类，使用的货币种类必须符合法律的规定；(3)价款的数额必须明白准确，没有歧义，没有弹性；(4)必须准确使用价格术语；(5)价款的结算方法和支付期限必须明确规定。

5. 履行期限、地点和方式

在商品的实际流通过程中，时间期限十分关键，因为它关系到产、供、销、运等各个环节的互相衔接，一个环节误期，常常会引起连锁反应，造成重大损失。所以合同对履行期限的规定应当明确、具体，即某年某月某日应确定，不能用“某年5月以前”这样的字眼，是5月1日以前，还是5月31日以前，区别很大。另外，履行期限是一次履行还是分期分批履行，也应写明。分期时间与分批数量也应写具体。这样有利于分清责任。合同中不应有“立刻装运”“即期装运”等不确定的字词。

履行地点必须明确无误，否则，将会造成经济损失和合同纠纷。如武汉某公司在新疆购买了一批棉花，火车托运时，合同里的交货地点是湖北武汉，结果货物在汉口的汉西火车站卸下，而该公司的仓库在武昌南湖。为此，该公司不得不雇车从汉口往武昌拖货，如果当时在合同里写明为武汉武昌火车站，则不用花这一笔冤枉钱。

履行方式一般有这几种情况：(1)当事人是一次履行还是多次履行。这必须写明确。合同里规定一次履行的，就不能多次履行。如一份家电维修合同，规定一次修好，就不能反复七八次才修好。而合同中规定多次履行的，也不能一次履行。如一份水果预购合同，规定分批分量交付，就不能一次全部交付，否则需方会因水果不能及时卖完而腐烂，造成损失。(2)是由当事人亲自履行，还是允许他人代为履行。如建设工程合同里，建筑承包方是承包所有的工程，还是允许他可以部分地转包给其他人，合同里必须明确下来。一般情况下，合同必须由签约的当事人来履行，除非合同另有规定，才能由他人代为履行或部分地代为履行。(3)合同里应该明确规定合理、经济、有效的货运方式。即在有利于生产和市场供应的前提下，用最少的费用与时间，走最短的路线，把货物完好无损地运到履行地点。

6. 违约责任

违约责任包括经济责任和法律责任，其目的在于保证合同履行，维护当事人的利益，因此在合同中应划清责任及违约后所要采取的制裁措施及赔偿金额。

合同在此条款里，通常规定违约金或赔偿金的内容。违约金的数额，国家有规定的，应按规定来执行；国家没有规定的，则由双方协定数额，并明确写进合同里。除违约金外，合同还应对赔偿金作出明确规定。因为合同的某一方如果违约，给对方造成的损失超过违约金时，就应向对方另外交付赔偿金，补足违约金不足的部分。所以，任何一份合同都应有违约金的规定，它是合同的必备条款。

7. 解决争议的方法

解决争议的方法有协商、调解、仲裁、诉讼这四种。因此在合同中应明确规定解决争议的方法和机构。如选择仲裁方法，则必须注明由哪个仲裁机构来执行。

(六)合同的写作要求

1. 真实合法，平等互利

合法性是合同的一大特点，因此在写作时必须做到合同的各项条款都要符合国家的法规政策，内容必须真实，不能有意隐瞒，欺骗对方，要遵守诚信原则，达到平等互利的目的。

2. 格式规范，内容完备

合同是具有法律效力的文书，它关系着当事人的切身利益，因此合同的制订必须符合

《合同法》的要求，保证合同条款的齐备，按照不同标的的特点，做出明确、具体、详细的规定，对当事人的义务和权利也要明确界定。

3. 语言准确，表达严谨

合同语言必须准确，表达必须严谨，切忌用语模糊，引起误解和歧义。

三、范文评析

【例文一】

合伙经营合同

甲方：身份证号：________________

乙方：身份证号：________________

丙方：身份证号：________________

甲、乙、丙三方本着互利共赢、团结合作的精神，经友好协商，就共同经营事宜达成如下合伙协议：

第一条　合伙宗旨

利用合伙人自身积累的经营管理经验和人脉关系，共同经营，使合伙人通过合法的手段，创造劳动成果，分享经济利益。

第二条　合伙组织名称、合伙经营项目

合伙组织名称：________________

合伙经营项目：________________

第三条　合伙期限至________________止。

第四条　合伙组织财产份额分配

各合伙人占有合伙组织财产份额：________________。

第五条　工资、盈余分配与债务承担

(一)工资分配：合伙组织经营期间，各合伙人工资为________________。

(二)盈余分配：除去经营成本、日常开支、工资、税费等的收入为净利润，即合伙创收盈余，将以各合伙人占有的合伙组织财产份额为依据，按比例分配。

(三)债务承担：如在合伙经营过程中有债务产生，合伙债务先由合伙财产偿还，合伙财产不足清偿时，以各合伙人占有的合伙组织财产份额为依据，按比例承担。

第六条　除名退伙、出资的转让

(一)除名退伙

合伙人有下列情形之一的，经其他合伙人一致同意，可以决议将其除名：

1. 个人丧失偿债能力；

2. 未履行出资义务；

3. 因故意或重大过失给合伙组织造成经济损失；

4. 执行合伙组织事务时有不正当行为；

5. 合伙人有违反本协议第九条之规定的行为。

（二）合伙组织财产份额的转让

合伙期间，未经全体合伙人书面同意，合伙人不得随意转让其在合伙组织中的全部或部分财产份额。如经其他合伙人书面同意该合伙人向合伙人以外的第三人转让，第三人应按新入伙对待。合伙人以外的第三人受让合伙组织财产份额的，经修改合伙协议即成为合伙组织的合伙人。

第七条　合伙人会议、合伙负责人及合伙事务执行

（一）合伙人会议制度

1. 召集：合伙人会议由合伙事务执行人召集和主持，合伙负责人可根据情况需要决定召开合伙人会议；

2. 时间：一般情况下每月一次，具体召开时间由合伙负责人根据情况决定；

3. 表决权：每个合伙人在合伙人会议中均享有表决权，除本协议另有约定外，重大事项决定应由占合伙组织财产份额比例三分之二以上的合伙人同意方可通过，一般事项决定由占合伙组织财产份额比例二分之一以上的合伙人同意即可；

4. 重大事项：必须经合伙人会议中占合伙组织财产份额比例三分之二以上的合伙人同意方可通过的重大事项是指：

（1）推举合伙事务执行人；

（2）增加、减少经营种类，调整、转换经营项目，扩展业务；

……

（二）经全体合伙人决定，委托____________为合伙事务执行人，其权限为：

1. 召集主持合伙人会议，对合伙组织的重大事项（如扩展业务、调整、转换经营项目等）享有最后的决定权；

2. 对外开展业务，订立合同；

……

（三）经全体合伙人决定，委托____________担任合伙内部行政事务的负责人，负责合伙组织的内部经营和管理。其权限为：

1. 组织实施合伙人会议；

2. 对合伙组织经营进行全面日常管理；

3. 定合伙组织的内部管理制度；

……

（四）经全体合伙人决定，委托____________担任合伙组织的财务、后勤负责人，并协助其他合伙人参与合伙组织的日常经营和管理。

1. 对合伙事务执行人负责，主持合伙组织的日常财务、后勤等工作；

2. 制定合伙组织的财务制度，编制合伙组织的财务收支计划，检查监督财务制度的执行，并及时向其他合伙人通报财务计划执行情况；

……

第八条　合伙人的权利和义务

（一）合伙人的权利

1. 参加合伙人会议，并对合伙事务的执行进行监督；

2. 合伙人享有合伙利益的分配权；

……

(二)合伙人的义务

1. 按照合伙协议的约定维护合伙组织财产的统一；

2. 分担合伙经营损失的债务；

3. 为合伙债务承担连带责任。

第九条　禁止行为

(一)未经本合伙协议或合伙人会议授权，禁止任何合伙人私自以合伙组织名义进行业务活动，私自进行业务获得利益归全体合伙人，造成的损失由该合伙人个人全额进行赔偿；

……

第十条　违约责任

(一)合伙人未经其他合伙人一致书面同意而转让其财产份额的，如果其他合伙人不愿接纳受让人为新的合伙人，可按退伙处理，转让的合伙人应赔偿其他合伙人因此而遭受的全部损失；

……

第十一条　争议解决方式

凡因本协议产生或与本协议有关的一切争议，合伙人之间应先共同协商，如协商不成，提交长沙仲裁委员会仲裁。

第十二条　其他

(一)经协商一致，合伙人可以修改本协议或对未尽事宜进行补充约定；补充、修改内容与本协议相冲突的，以补充、修改后的内容为准。

(二)本协议一份四页，各合伙人各执一份。

(三)本协议经全体合伙人签名、盖章后生效。

全体合伙人签章处：

甲方：____________________

乙方：____________________

丙方：____________________

签约时间：____________年______月______日

签约地点：____________

(资料来源：http：//yjbys. com。)

评析：此合同格式规范，标的描述详细，当事人的权利和义务及违约责任明确清晰，解决争议的方法也清楚明了。全文用语准确简朴，是标准的合同文本。

【例文二】

房屋租赁合同

甲方：张华(附身份证号码)

乙方：李明(附身份证号码)

甲、乙双方通过友好协商，就房屋租赁事宜达成协议如下

一、租赁地点及设施

1. 租赁地址：中山路1号401室；房型规格：坐南朝北；居住面积：985平方米

2. 室内附属设施

(1)电器：电话机1部，史密斯电热水器1台，美的空调2台，西门子柜式冰箱1台，海信65寸电视1台，海尔滚筒洗衣机1台，格兰仕微波炉1台。

(2)家具：三座位木沙发1套。

二、租用期限及其约定

1. 租用期限：甲方同意乙方租用5年；自2014年1月1日起至2019年1月。

2. 房屋租金：每月贰仟元人民币。

3. 付款方式：按月支付，另付押金________元，租房终止，甲方验收无误后，将押金退还乙方，不计利息。第一次付款计伍仟元人民币。

4. 租期内的水、电、煤气、电话、有线电视、卫生治安费由乙方支付，物业管理、房屋修缮等费用由甲方支付。

5. 租用期内，乙方有下列情形之一的，甲方可以终止合同，收回房屋使用权。乙方需担全部责任，并赔偿甲方损失：

(1)乙方擅自将房屋转租、转让或转借；

(2)乙方利用承租房屋进行非法活动，损害公共利益；

(3)乙方无故拖欠房屋租金达10天；

(4)乙方连续三个月不付所有费用。

三、双方责任及义务：

1. 乙方须按时交纳水、电、煤气、电话等费用，并务必将以上费用账单交给甲方，甲方须监督检查以上费用交纳情况；

2. 无论在任何情况下，乙方都不能将押金转换为房屋租金；

3. 在租用期内，甲方必须确保乙方的正常居住，不得将乙方租用的房屋转租；

4. 租用期满后，乙方如需继续使用，应提前一个月提出，甲方可根据实际情况，在同等条件下给予优先；

5. 甲乙双方如有一方有特殊情况需解除协议的，必须提前在租赁期内一个月通知对方，协商后解除本协议；

6. 乙方入住该房星应保持周围环境整洁，做好防火防盗工作，如发生事故，乙方应负全部责任；

7. 乙方不得擅自改变室内结构，并爱惜使用室内设施，若发生人为损坏，应给予甲方相应赔偿；如发生自然损坏，应及时通知甲方，并配合甲方及时给予处理；

四、其他未尽事宜，由甲、乙双方协商解决，协商不成按有关现行法规办理或提交有关仲裁机关仲裁。

本协议一式两份，甲、乙双方各执一份，签字后即行生效。

甲方：张华(签名)

联系电话：13543561×××

乙方：李明(签名)

2014 年 1 月 1 日

联系电话：13123456×××

2014 年 1 月 1 日

评析：此租房合同格式规范，对于租赁房屋的现状和设施描述清楚详细，租赁双方的权利和义务及违约责任明确清晰，解决争议的方法也十分清楚。

四、注意事项

1. 主体适格、内容合法

主体适格、内容合法是拟订合同当中一个首要的问题。我国《合同法》第 9 条规定，当事人订立合同，应当具有相应的民事权利能力和民事行为能力。为确保合同有效性，签约前首先应考虑当事人是否具备相应的资格。《合同法》第 7 条规定，当事人订立、履行合同，应当遵守法律、行政法规。合同虽然是当事人自愿订立，但并不意味着合同可以违背现行法律、法规的强制性规定。

2. 合同条款应完备

《合同法》第 12 条列出了合同一般应当具备的基本条款。原则上，判断合同条款是否完备主要考虑两个方面：一是合同应当具备的基本条款是否具备；二是根据交易目的应当具备的条款是否具备。虽然《合同法》第 12 条规定的诸如价款、报酬、违约责任等条款的缺失并不必然导致合同无效，但充分利用这些条款对于减少合同履行中的分歧、维护各方权益具有重要意义。

3. 明确各方当事人权利义务

权利义务不明确是合同中隐藏的风险，严重影响交易的安全性。要使权利义务明确需要提高语言表达的精确度，加强条款间的配合，并使权利义务的表述、违约的范畴违约的制裁，归责方式等明确且配置合理。

4. 突出条款的针对性、实用性

合同种类繁多，不同合同各具特点，条款内容必须具有针对性、实用性。条款针对性、实用性强的合同，不仅具备交易所必需的基本条款，还包括结合合同目的、合同性质，合同标的等因素订立的针对性条款，这些条款是合同基本条款的细化和延伸。

5. 优化合同结构体系

合同并不是条款的简单堆砌，许多合同之所以显得混乱就是由于结构体系混乱，条款之间缺乏逻辑顺序(或联系)。确保结构体系优化，一个简单方法就是依据《合同法》第 12 条规定的基本条款，以此作为框架加以充实和细化。

五、写作实训

(一) 文种评析

甲方是某市重要的金融机构，具有组建金融数据中心机房并托管的需求，乙方系通信运营商，有着丰富的数据中心机房托管以及建设维护的经验。双方就乙方为甲方数据中心提供建设及 VP 机房托管服务达成协议。该 VP 机房托管服务合同第 1 条合同标的物的条款内容为：

> 甲方按照本合同向乙方租用××六楼 VP 机房托管服务。机房设计面积为 350 平方米，其中 VP 机房托管面积为 300 平方米，租金为 8500 元/平方米/年，VP 机房托管年租金为 255 万元/年；机房其余部分为监控室，按办公场所性质租用，租金为每天 5 元/平方米。若甲方根据需要未来将监控室更改为机房，租金按照机房价格进行计算。

为了让条款条理清晰，请仔细阅读思考并修改该条款。

(二) 写作实训

(1) 小王打算购买新江花园 C 座 A 单元的一套房子，建筑面积是 110.58 平方米，三房两厅，户型为南北通透型。这套房子作为《商品房买卖合同》中的标的，该如何描述?注意写清楚房屋的建筑面积、所在位置、图纸情况等基本内容。

(2) 甲乙二人签订的咖啡买卖合同中，对合同履行方式、时间没有交代清楚，只是笼统地表述为：“供方自 1 月开始三个月分三批交货，由供方负责包装并将货物运抵杭州东站，包装费及运费由需方负责。”请你对其进行修改，使之完善。

☞ **知识链接**

订立合同必须遵循的基本原则

《合同法》规定了订立、履行合同应当遵循的基本原则，即平等原则、自愿原则、公平原则、诚实信用原则以及遵守法律、不得损害社会公共利益原则。违反这些基本原则的合同，就是无效合同，法律对无效合同中的权利义务关系不予认可和保护。

(一) 平等原则

《合同法》第三条规定：“合同当事人的法律地位平等，一方不得将自己的意志强加给另一方。”在一份合同中，当事人无论是法人还是公民，无论其地位高低，抑或上下级关系的机关，其法律地位是平等的，在谈判、签订合同、履行合同时双方应平等协商，任何一方不得强迫或采用其他非法手段使对方服从自己的意志，不能强迫对方接受不公平的条款。

(二) 自愿原则

《合同法》第四条规定："当事人依法享有自愿订立合同的权利，任何单位和个人不得非法干预。"此处强调的是"自愿"，也就是说当事人订不订合同，与谁订合同，以什么形式订合同，合同规定什么内容等，都取决于他的自愿。从根本上说，合同是一种"合意"，是指合同双方意思表示一致。自愿原则要求当事人真实地表达自己的真正意愿，合理地提出自己的主张，在自愿的基础上确定合同的具体条款和形式，达成一致。

（三）公平原则

《合同法》第五条规定："当事人应当遵循公平原则确定各方的权利和义务。"公平原则是指除单务合同外，在合同条款中。当事人双方的权利与义务是对等的，违约责任也是对等的，即在利害关系上大体平衡。如果说一方只享受权利，不承担风险、损失、亏损，而让另一方当事人承担损失、风险、亏损，却不享有权利，这就叫作当事人的权利义务关系严重不平衡。当事人一方有权请求人民法院或者仲裁机构变更或撤销显失公平的合同。

（四）诚实信用原则

《合同法》第六条规定："当事人行使权利、履行义务应当遵循诚实信用原则。"所谓诚实，主要是指当事人在合同关系中的言行要符合实际，意思表示要真实。信用，主要是指当事人在民事活动中应言行一致，说到做到。在合同订立阶段，双方当事人都负有下述义务：一是忠实的义务，当事人一方应如实向对方陈述商品的数量、质量情况，如实地向对方陈述一些重要的情况和事实；二是相互照顾和协力的义务，任何一方都不得利用经济上的优势地位和其他手段牟取不正当利益，损害他人；三是诚实守信、不得欺诈他人的义务。在合同履行阶段，当事人应全面履行法律和合同规定的义务，恪守合同之外，还应履行依据诚实信用原则所产生的各种随附义务，如瑕疵告知义务、重要事情的告知义务等。如果当事人因不可抗力等原因不能履行或者不能按期履行合同，应及时通知对方，以避免对方损失的扩大。总之，合同条款必须在双方都履行诚实信用义务的基础上确定，否则合同无效。

（五）遵守法律、不得损害社会公共利益的原则

《合同法》第七条规定："当事人订立、履行合同，应当遵守法律、行政法规，尊重社会公德，不得扰乱社会经济秩序，损害社会公共利益。"这一原则要求当事人确保合同内容必须合乎法律法规的要求，符合社会公德，不得订立赌博合同、卖淫合同、传播淫秽物品的合同等，不得利用合同进行不正当竞争、偷逃税款或恶意串通危害第三人。

项目二十五　财务年度报告

☞ 学习目标

- ◆ 掌握财务年度报告的含义和分类。
- ◆ 掌握财务年度报告的结构和写法。
- ◆ 培养学生的逻辑思维和规范意识。

一、情境导入

2019 年 3 月 18 日消息，深交所上市公司三维通信今日发布公告称，因工作量较大，延期披露 2018 年年度报告。

公告称，三维通信股份有限公司(以下简称“公司”)原计划于 2019 年 3 月 26 日在中国证监会指定的中小板信息披露网站上披露 2018 年年度报告及其摘要。但由于 2018 年年度报告工作量较大，相关的审计和编制工作仍在进行之中，公司无法按原定披露日出具 2018 年年度报告。本着审慎原则及对广大投资者负责的态度，同时为确保年度报告的准确性及完整性，经向深圳证券交易所申请，公司 2018 年年度报告及其摘要披露日期将由 2019 年 3 月 26 日变更为 2019 年 4 月 27 日。

二、知识梳理

(一)年度报告的含义

财务年度报告是企业根据国家的相关规定和自身的经营情况，在年度范围内对本单位的财务运行状况和经营管理情况进行总结而写成的书面材料。

(二)年度报告的分类

(1)根据时间不同，分为第一季报(披露时间为当年的 4 月期间)；半年报(披露时间为当年的 7 月到 8 月期间)；第三季报(披露时间为当年的 10 月期间)；年报(披露时间为次年的 1 月到 4 月期间)。

(2)根据年报披露盈余情况的不同，分为好消息、无消息与坏消息三种类别。判别的标准取决于本年度年报与上一年度年报净资产收益率的离差。如果前者高于后者 25%以上，就界定为好消息；如果在 5%范围内波动，属于无消息；如果低于 25%以上，那么就是坏消息。

(三)年度报告的结构和写法

年度报告包括标题、正文、落款三个组成部分。

1. 标题

标明公司的名称及报告的年度。如《××公司2016年度报告》。

2. 正文

(1)重要提示。

在年度报告的正文之前，需根据《公开发行股票公司信息披露实施细则》的规定，对年度报告中所涉及的内容加以说明(如“本公司董事会确信本报告所载资料不存在任何重大遗漏、虚假陈述或者严重误导，并对其内容的真实性、准确性和完整性负个别及连带责任。本报告由公司董事会负责解释”)，以保证年度报告的写作是符合法律规定和真实可信的。此外提示还需写上“经第×届第×次董事会会议审议通过”和“经××会计师事务所审计，并出具××意见的审计报告”等内容，以示年度报告符合法定程序和经过了相关独立机构的审计。

如有董事、监事、高级管理人员对年度报告内容的真实性、准确性和完整性无法确信或存在异议的，应当声明：××董事、监事、高级管理人员无法保证本报告内容的真实性、准确性和完整性，理由如下：……请投资者特别关注。如有董事未出席董事会，应当单独列示其姓名。

如果执行审计的会计师事务所对公司出具了非标准审计报告，重要提示中应增加以下陈述：××会计师事务所为本公司出具了带强调事项性的无保留意见(或保留意见、无法表示意见、否定意见)的审计报告，本公司董事会、监事会对相关事项亦有详细说明，请投资者注意阅读。

公司负责人、主管会计工作负责人及会计机构负责人(会计主管人员)应当声明：保证年度报告中财务报告的真实性、完整性。

(2)基本情况简介

该部分的目的是反映公司的行业特点。需概述以下内容：

①公司中英文全称、简称；

②公司法定代表人；

③公司董事会秘书及其证券事务代表的姓名、联系地址、电话、传真、电子信箱；

④公司注册地址、办公地址及其邮政编码、公司国际互联网网址、电子信箱等联系方式；

⑤公司选定的信息披露报纸的名称、登载年度报告的中国证监会指定网站的网址、公司年度报告备置地点；

⑥公司简况、公司的主要产品或者主要服务项目简况、公司所在行业简况、公司所拥有的重要的工厂、矿山、房地产等财产简况；

⑦公司发行在外股票的情况(公司股票上市交易所、股票简称和股票代码，持有公司5%以上发行在外普通股的股东的名单及前10名最大的股东名单、公司股东数量、公司董事、监事和高级管理人员简况、持股情况和报酬)；

⑧公司首次注册或变更注册登记日期、地点、公司营业执照号、税务登记证号、组织机构代码；

⑨公司的各项主营业务突出特点及规模、公司负责信息披露事务人员的姓名、地址及联系方式等。

(3)会计数据和业务数据摘要。

这是全文高度概括和浓缩的部分。主要反映至报告年度末为止的公司前三年(或自公司成立以来)的主要会计数据和财务指标。包括以下内容：

①报告期主要财务数据(本年度实现的营业利润、利润总额、归属于上市公司股东的净利润、归属于上市公司股东的扣除非经常性损益后的净利润、经营活动产生的现金流量净额)；

②公司近三年或者成立以来的财务信息摘要；

③报告期内的权益变动情况；

④该上市公司为控股公司的，还应当包括最近两个年度的比较合并财务报告；

⑤证监会要求载明的其他内容。

(4)公司经营情况和重大事项报告。

这是年度报告写作的核心。主要从投入与产出的角度分析公司在报告年度内的经营情况和发展思路以及公司下一年度的发展思路和发展目标，重点反映在董事会报告、监事会报告、股东大会基本情况中。写作上要求客观真实、全面细致，能完整反映公司的实况，以使股东或投资者了解公司的发展前景和进行投资的风险。如为上市公司，还需披露股本变动及股东情况，董事、监事、高级管理人员和员工情况以及公司治理情况等信息。

3. 落款

包括署名和日期。

(四)年度报告写作的注意事项

1. 内容真实

作为企业一定时期内经营情况的准确反映，年度报告必须是在掌握真实材料的基础上，对相关会计数据和业务数据进行认真的分析研究和合理的核实查证，然后才动手写作。内容真实是年度报告的写作前提。

2. 制发及时

中国证监会发布的《公开发行股票公司信息披露实施细则》第 15 条规定：公司应当在第一会计年度后 120 日内编制完成年度报告。报告完成后应当立即报送证监会 10 份备案，并在年度股东大会召开之前至少 20 个工作日，将不超过 5000 字的报告摘要刊登在至少一种证监会指定的全国性报刊上，同时将年度报告备置于公司所在地、挂牌交易的证券交易场所、有关证券经营机构及其网点，以供公众查阅。可见，制发及时是对年度报告的硬性规定。

三、范文评析

【例文】

招商银行股份有限公司

CHINA MERCHANTS BANK CO. LTD.

二〇一五年半年度报告

A 股股票代码：600036

二〇一五年八月二十五日

重要提示

1. 本公司董事会、监事会及董事、监事和高级管理人员保证年度报告内容的真实、准确、完整，不存在虚假记载、误导性陈述或重大遗漏，并承担个别和连带的法律责任。

2. 本公司第九届董事会第三十八次会议于 2015 年 8 月 25 日在深圳招银大学召开。李建红董事长主持了会议，会议应参会董事 17 名，实际参会董事 16 名，黄桂林独立董事因公务未出席会议，委托梁锦松独立董事行使表决权，本公司 6 名监事列席了会议，符合《公司法》和《公司章程》的有关规定。

3. 本公司 2015 年中期不进行利润分配或资本公积转增股本。

4. 本公司 2015 年中期财务报告未经审计。

5. 本报告除特别说明外，金额币种为人民币。

6. 本公司董事长李建红、行长兼首席执行官田惠宇、常务副行长兼财务负责人李浩及财务机构负责人汪涛保证本报告中财务报告的真实、准确、完整。

7. 本报告包含若干对本集团财务状况、经营业绩及业务发展的展望性陈述。报告中使用诸如“将”“可能”“有望”“力争”“努力”“计划”“预计”“目标”及类似字眼以表达展望性陈述。这些陈述乃基于现行计划、估计及预测而做出，虽然本集团相信这些展望性陈述中所反映的期望是合理的，但本集团不能保证这些期望被实现或将会证实为正确，故不构成本集团的实质承诺，投资者不应对其过分依赖并应注意投资风险。务请注意，该等展望性陈述与日后事件或本集团日后财务、业务或其他表现有关，并受若干可能会导致实际结果出现重大差异的不明确因素的影响。

释义(略)

重大风险提示

本公司已在本报告中详细描述存在的主要风险及拟采取的应对措施，敬请参阅第三章“风险管理”的相关内容。

第一章　公司简介

1　公司基本情况

1.1　法定中文名称：招商银行股份有限公司(简称：招商银行)

法定英文名称：China Merchants Bank Co. Ltd.

1.2　法定代表人：李建红

授权代表：田惠宇、李浩

董事会秘书：许世清

联席公司秘书：许世清、沈施加美(FCIS，FCS(PE)，FHKIOD，FTIHK)

证券事务代表：吴涧兵

1.3　注册及办公地址：中国广东省深圳市福田区深南大道7088号

1.4　联系地址：(略)

1.5　香港主要营业地址：香港夏悫道12号美国银行中心21楼

1.6　股票上市证券交易所：

A股：上海证券交易所

股票简称：招商银行；股票代码：600036

H股：香港联交所

股份简称：招商银行；股份代号：03968

1.7　国内会计师事务所：毕马威华振会计师事务所

办公地址：中国北京东长安街1号东方广场东2座办公楼8层

国际会计师事务所：毕马威会计师事务所

办公地址：香港中环遮打道10号太子大厦8楼

1.8　中国法律顾问：君合律师事务所

香港法律顾问：史密夫斐尔律师事务所

1.9　A股股票的托管机构：中国证券登记结算有限责任公司上海分公司

1.10　H股股份登记及过户处：香港中央证券登记有限公司

香港湾仔皇后大道东183号合和中心17楼1712~1716号铺

1.11　本公司指定的信息披露报纸和网站：(略)

1.12　本公司其他有关资料：(略)

第二章　会计数据和财务指标摘要

2.1　主要会计数据和财务指标(略)

2.2　补充财务比率(略)

2.3　补充财务指标(略)

2.4　境内外会计准则差异

本集团2015年6月末分别根据境内外会计准则计算的净利润和净资产无差异。

第三章　董事会报告

3.1　总体经营情况分析(略)

3.2　利润表分析(略)

3.3　资产负债表分析(略)

3.4　贷款质量分析(略)

3.5　资本充足率分析(略)

3.6　分部经营业绩(略)

3.7　其他(略)

3.8　业务发展战略(略)

3.9　外部环境变化及措施(略)

3.10　业务运作(略)

3.11　风险管理(略)

3.12　利润分配

2014 年度利润分配方案(略)

2015 年中期利润分配(略)

3.13　社会责任

2015 年，本公司秉承“致力可持续金融，提升可持续价值，贡献可持续发展”的社会责任理念，不断加强社会责任管理，加强与利益相关方沟通交流，切实履行社会责任，为经济社会可持续发展做出贡献。报告期内，本公司继续支持云南武定、永仁两县发展，组织员工为两县捐款捐物；与壹基金联合发起关爱自闭症儿童活动、“为爱同行”2015 公益健行活动；持续倡导“月捐”理念，推动人人公益，支持公益的可持续发展。更多详细内容将在本公司 2015 年社会责任报告中呈现。

承董事会命
李建红
董事长
2015 年 8 月 25 日

第四章　重要事项

4.1　买卖或回购本公司上市证券

报告期内，本公司及子公司均未购买、出售或回购本公司任何上市证券。

4.2　募集资金使用情况(略)

4.3　董事、监事及高级管理人员的权益及淡仓(略)

4.4　公司、董事、监事、高管及持有 5%以上股份的股东受处罚情况(略)

4.5　公司及持股 5%以上的股东的承诺事项(略)

4.6　重大关联交易事项(略)

4.7　重大诉讼、仲裁和重大媒体质疑事项(略)

4.8　重大合同及其履行情况(略)

4.9　股权激励计划在报告期的实施情况

本公司股权激励计划实施情况详见第六章“员工持股计划及 H 股增值权激励计划”一节。

4.10　关联方资金占用情况

就本公司所知，报告期内本公司不存在大股东及其关联方非经营性占用本公司资金的情况，也不存在通过不公允关联交易等方式变相占用本公司资金等问题。

4.11　审阅中期业绩

本公司外部审计师毕马威会计师事务所已对本公司按照国际会计准则和香港上市规则的披露要求编制的中期财务报告进行审阅，同时本公司董事会审计委员会已审阅并同意本公司截至2015年6月30日期间的业绩及财务报告。

4.12 发布中期报告

本公司按照国际会计准则和香港上市规则编制的中英文两种语言版本的中期报告，可在香港联交所网站和本公司网站查阅。在对中期报告的中英文版本理解上发生歧义时，以中文为准。

本公司按照中国会计准则和半年度报告编制规则编制的中文版本半年度报告，可在上海证券交易所网站和本公司网站查阅。

第五章 股份结构及股东基础

5.1 报告期内本公司股份变动情况(略)

5.2 前十名股东和前十名无限售条件股东(略)

5.3 香港法规下主要股东及其他人士于股份及相关股份拥有之权益及淡仓(略)

第六章 董事、监事、高级管理人员、员工和机构情况

6.1 董事、监事和高管人员情况(略)

6.2 聘任及离任人员情况(略)

6.3 董监事任职变更情况(略)

6.4 员工持股计划及H股增值权激励计划(略)

6.5 员工情况(略)

6.6 分支机构(略)

第七章 公司治理

7.1 公司治理情况综述(略)

7.2 股东大会召开情况(略)

7.3 董事会及其专门委员会会议召开情况(略)

7.4 监事会及其专门委员会会议召开情况(略)

7.5 董事、监事及有关雇员之证券交易(略)

7.6 内部控制(略)

7.7 遵守香港上市规则声明(略)

第八章 备查文件

8.1 载有本公司董事、高级管理人员签名的半年度报告正本

8.2 载有法定代表人、行长、财务负责人、财务机构负责人签名并盖章的财务报表

8.3 报告期内在中国证监会指定报纸上公开披露过的所有公司文件的正本及公告的原件

8.4 在香港联交所披露的中期报告

8.5 《招商银行股份有限公司章程》

第九章 财务报告(见附件)

招商银行股份有限公司

截至二〇一五年六月三十日止六个月期间的中期财务报告

未经审计合并资产负债表(略)

2015 年 6 月 30 日
(除特别注明外，货币单位均以人民币百万元列示)
未经审计资产负债表(略)
2015 年 6 月 30 日
(除特别注明外，货币单位均以人民币百万元列示)
未经审计合并利润表(略)
截至 2015 年 6 月 30 日止 6 个月期间
(除特别注明外，货币单位均以人民币百万元列示)
未经审计利润表(略)
截至 2015 年 6 月 30 日止 6 个月期间
(除特别注明外，货币单位均以人民币百万元列示)
未经审计股东权益变动表(略)
截至 2015 年 6 月 30 日止 6 个月期间
(除特别注明外，货币单位均以人民币百万元列示)
未经审计合并现金流量表(略)
截至 2015 年 6 月 30 日止 6 个月期间
(除特别注明外，货币单位均以人民币百万元列示)
未经审计现金流量表(略)
截至 2015 年 6 月 30 日止 6 个月期间
(除特别注明外，货币单位均以人民币百万元列示)

(资料来源：http：//file. cmbchina. com/cmbir/20150826/91ca117c-f795-4bbd-a14b-a06058e986bb. pdf。)

评析：这份半年度财务报告结构比较完整，而且安排得当，重要的内容如会计数据和财务指标摘要、董事会报告、重要事项等均安排在前半部分，使读者能很快抓住报告的要领和核心内容。全文条理清楚、逻辑严密、格式规范、数据详尽。在语言的运用上，遣词造句严谨准确、简明扼要，凸显了财务报告的特点。

四、注意事项

企业在编制年度财务会计报告前，应当按照下列规定，全面清查资产、核实债务：

(1)结算款项，包括应收款项、应付款项、应交税金等是否存在，与债务、债权单位的相应债务、债权金额是否一致；

(2)原材料、在产品、自制半成品、库存商品等各项存货的实存数量与账面数量是否一致，是否有报废损失和积压物资等；

(3)各项投资是否存在，投资收益是否按照国家统一的会计制度规定进行确认和计量；

(4)房屋建筑物、机器设备、运输工具等各项固定资产的实存数量与账面数量是否一致；

(5)在建工程的实际发生额与账面记录是否一致；

(6)需要清查、核实的其他内容。

☞ **知识链接**

分析年报时，采用比较法很重要，一般包括：

(1)本期的实际指标与前期的实际指标相比较。对比的方式有两种：一是确定增减变动数量；二是确定增减变动率。计算公式如下：

增减变动量=本期实际指标-前期实际指标

增减变动率(%)=(增减变动数量/前期实际指标)×100%

(2)本期的实际指标与预期目标相比较。这样可以考核公司经营者受托责任的完成情况，预期目标完成得好，则表明公司经营者比较成功地把握了市场；还要与长远规划相比较，分析达到长远奋斗目标的可能性。但在进行这种对比中，必须检查计划目标本身的合理性和先进性，否则对比就失去了客观的依据。

(3)本期的实际指标与同类公司同类指标相比较。以便清醒地认识到该上市公司在本行业中的地位，同时结合业绩情况进行分析。

一般而言，分析年报时，我们会注意到净值的大小。净值越大，表明公司的经营状况也就越好。同时还要注意到净值与固定资产的比率，净值大于固定资产，表明公司的财务安全性高。由于流动资产减去流动负债之后，余下的即为经营资金，这个数字越大，表明公司可支配的经营资金越多。还要注意负债与净值的关系，负债与净值之比在50%以下时，说明公司的经营状况尚好。

项目二十六　新闻稿　微博

☞ **学习目标**

- ◆ 掌握新闻稿和微博的概念。
- ◆ 掌握新闻稿和微博的特点和写法。
- ◆ 能够正确地撰写新闻稿。
- ◆ 能够合理有效地运用微博发布信息。

一、情境导入

随着现代传媒手段的不断进步、传播渠道的日益丰富和世人交往的日渐频繁，人们渴望了解世界的愿望越来越迫切，社会对信息量的需求也越来越大。新闻作为传播信息、记录社会、反映时代的一种重要方式，其作用早已为社会所认识，也进一步为今天的社会所重视，因而学好新闻稿的写作，就有着特别的社会意义和实用价值。

小王所在的公司要举行职工运动会，主管要求他写一篇新闻报道放到公司官网上作为活动宣传，那么，新闻稿到底该如何写作呢？

二、知识梳理

（一）新闻、新闻稿的概念

从新闻学的角度来说，新闻有狭义和广义之分。狭义言之，新闻就是消息，就是新近或者正在发生、发现的、对公众有知悉意义的事实的报道。就其广义而言，发表于报刊、广播、电视上的除了评论与专文外的常用文本都属于新闻之列，包括消息、通讯、特写、速写（有的将速写纳入特写之列）等。

从应用写作角度来说，新闻稿是记者、企业、政府、学校等个人和机构发送给传媒的、有新闻价值的通信文稿。它通常以手稿、电子邮件、传真、书信等形式分发给网站、报社、杂志社、电台、电视台、通讯社等媒体。不少新闻稿是有关机构通过记者招待会等形式分发给传媒的消息。总之，新闻稿是新闻记者或其他个人和机构根据新闻题材撰写的稿件。

（二）新闻稿的特点

（1）内容真实，事实准确。真实是新闻的生命。所谓真实，就是事实真实，所写的人物、时间、地点、事情发生发展的经过不能虚构；而准确，就是每个事实，包括细节在内的报道都要尽量做到确切无误。如果一条新闻失真或有差误，不仅会降低其新闻价值，失信于民，而且还会损害党和人民的事业。

(2)角度新颖，富有价值。新闻贵在新，而且要有认识意义、启迪和指导意义。新闻稿只有富于新鲜感，才能引起读者的注意。这里所说的新，不仅要把新人物、新事件、新经验报道给读者，而且要选择有意义、有价值，能给人以启迪，有指导性和代表性的事物和角度进行如实描述。对于那种一味追求猎奇的做法，则是新闻稿应该坚决抵制的。

(3)迅速及时，讲求时效。迅速是新闻的价值体现，新闻报道速度迟缓便会降低新闻稿的价值，"新闻"变成了"旧闻"。新闻稿强调时效，就是强调其对新人、新事、新情况、新问题要进行及时而迅速的反映。

(4)简明扼要，短小精悍。简短是新闻稿，尤其是消息类新闻稿的基本要求，是新闻稿区别于其他文体的主要标志。所谓简明扼要，就是"三言两语，记清事实，寥寥数笔，显出精神，概括而不流于抽象，简短而不陷于疏漏"，用笔简洁利落，内容集中精练。当然，通讯类新闻稿比较特殊，长篇通讯篇幅较长，也是比较常见的新闻稿的写作方式。

(三)微博的概念

微博，即微博客(MicroBlog)的简称，是一个基于用户关系的信息分享、传播以及获取平台，用户可以通过各种客户端组建个人社区，以140字左右的文字更新信息，并实现即时分享。

相对于它的前辈"博客"来说，微博草根性更强，也更加便捷，其内容只是由简单的只言片语组成，从这个角度来说，对用户的技术要求门槛很低，而且在语言的编排组织上，没有博客那么高。在微博上，140字的限制将平民和莎士比亚拉到了同一水平线上，这一点导致大量原创内容爆发性地被生产出来。

(四)微博的写作要求

1. 明确写作目的，选择适当的内容

写微博，首先要明确写作目的，要明确：为谁写？写微博为了什么？是为记录生活展示自己，还是社交交友，影响别人？是为了分享思想、经验，学习知识、技术，还是为了休闲、娱乐？要以真诚的态度对待微博，顾及读者的感受。

微博的内容选择没有什么限制，如果在符合自己个性特点的前提下，多发些大家想读的内容，同时在里面穿插一些你想让他们读的内容，这就很自然地把自己想记录的事情和大家想知道的东西联系到一起了。大部分网友对新鲜事物都有好奇心，要经常在微博上分享一些看见、听见的新鲜事儿，或者大部分网友可能不太熟悉的新情况、新事物。

2. 语言通俗，注意积累素材

写微博，一定要注意语言表达的风格。微博语言风格尽量跟草根文化血脉相通，不要用传统媒体的写作方式。微博经过多年的发展，已经形成了一种独特的表达方式，平时对于微博热词要烂熟于胸，关注热点，活学活用。

另外，微博虽然篇幅短小，但是生活中应该随时留意、随时积累自己最熟悉领域的新闻，书上看到的富有智慧或引发深思的内容，学习、生活、工作中的见闻感受，等等。这样，在最恰当的时候，就可以更快地发出最合适的内容。

3. 文字精练，图文并茂

一般来说，微博内容可以分为开头、中间、结尾三部分。第一句就像标题，吸引读者注意；最后一句就像结论，引发读者思考。因此，开头要一下子吸引人的眼球，在需要的场合，甚至可以有点儿劲爆、有点儿煽情。中间要清晰、有条理，结尾要突出重点，可以在结尾提出互动性问题或诱导转发评论。

微博限制 140 个字的容量，因此越精练越好。很多高度精练的一句话微博，转发量都很高，简单的一句话背后，给广大粉丝留下广阔的讨论空间。微博不但可以有纯粹的文字内容，在需要时，也可以加上网址链接到其他资源，可以配上好的图片、视频。语言要简短、清晰、准确，不要每次都强求把 140 个汉字用完，最好是一条微博表达一个完整的信息或故事。发出微博前，一定要把内容再检查一遍，谨防有错别字、表达不清或疏漏的地方。

4. 力求以真情、幽默、智慧吸引人

生活中总是会出现一些搞笑、幽默的事情，可以把这些幽默、搞笑的内容组织一下进行发布，当然也可以转载别人的。除了幽默的图文以外，在微博中，充满温情的故事和话语，也很能引起人们的共鸣。此外，有智慧的格言警句也是网友们最喜欢看的内容之一。最好是那些能够触动心灵的东西，可以引起某一类人甚至大多数人的共鸣。要力求用幽默吸引人，以真情打动人，用智慧征服人。

5. 注意合适的发微博频率，加强与粉丝的互动

一天发布的微博数量要适当控制。每天不同时段发微博，数量要尽量均衡，但是切记“宁缺毋滥”。要注意与粉丝的互动。微博不是展示文采的地方，而是你发起话题讨论的地方，因此多用疑问句，激发粉丝的转发与讨论。

同时，要有娱乐精神。微博上遭遇质疑和攻击是司空见惯的事情，这时候一定不要去攻击和谩骂，要有宽阔的胸怀和娱乐精神，化解别人对自己的质疑。

6. 要善于用微博讲故事，适度结合热点

微博就像说相声，要善于抖包袱。高明的人会用 140 个字写出一个跌宕起伏的故事，把悬念和笑料留到最后，但也不要点破，在读完微博以后，给大家留点想象和讨论的空间。

微博上每天都会涌现热点话题，如果适时地与热点结合，借助热点的“热度”，可以提高自己的曝光率和关注度。

三、范文评析

【例文一】

人民日报社论：让五四精神在新时代放射新的光芒——纪念五四运动 100 周年

百年岁月沧桑，百年风雨兼程，百年风华正茂。今天是五四运动 100 周年，我们致敬 100 年前那段激情燃烧的岁月，期许当代青年不辜负党的期望、人民期待、民族重托，不辜负我们这个伟大时代。

习近平总书记在纪念五四运动100周年大会上的重要讲话中，高度评价了五四运动的历史意义，明确提出了新时代发扬五四精神的重要要求，深情寄语当代青年，极大鼓舞了广大青年积极拥抱新时代、奋进新时代的坚定信心，对于我们在新时代发扬伟大五四精神，激励全党全国各族人民特别是新时代中国青年为全面建成小康社会、加快建设社会主义现代化国家、实现中华民族伟大复兴的中国梦而奋斗，具有十分重大的意义。

五四运动是中国近现代史上具有划时代意义的重大事件，五四精神是五四运动创造的宝贵精神财富。救亡图存，挽狂澜于既倒；思想启蒙，发历史之先声。爆发于民族危难之际的五四运动，是一场伟大爱国革命运动、伟大社会革命运动、伟大思想启蒙运动和新文化运动，孕育了爱国、进步、民主、科学的伟大五四精神，拉开了中国新民主主义革命的序幕，促进了马克思主义在中国的传播，推动了中国共产党的建立，在近代以来中华民族追求民族独立和发展进步的历史进程中具有里程碑意义。

从五四运动出发，马克思主义成为中国革命、建设、改革事业的指导思想，中国共产党担负起领导人民实现民族独立、人民解放和国家富强、人民幸福的历史重任，社会主义在中国落地生根并不断完善发展，中华民族迎来了从站起来、富起来到强起来的伟大飞跃。今天，站在中华民族5000多年文明史、中国人民近代以来170多年斗争史、中国共产党90多年奋斗史的长河中，回望五四运动以来实现中华民族伟大复兴的三大里程碑——建立中国共产党、成立中华人民共和国、推进改革开放和中国特色社会主义事业，我们尤其能感受五四运动对当代中国发展进步重大而深远的影响，尤其能理解五四精神对实现中华民族伟大复兴中国梦的重大意义。

青年兴则国家兴，青年强则国家强。五四运动以来的100年，是中国青年一代又一代接续奋斗、凯歌前行的100年，是中国青年用青春之我创造青春之中国、青春之民族的100年。在中国共产党领导下，一代又一代有志青年“以青春之我，创建青春之家庭，青春之国家，青春之民族，青春之人类，青春之地球，青春之宇宙”，汇聚起了中华民族穿越风雨、走向复兴的磅礴力量，谱写了一曲曲感天动地的青春乐章。历史深刻表明，青年是整个社会力量中最积极、最有生气的力量，国家的希望在青年，民族的未来在青年。正如习近平总书记所指出的：“新时代中国青年运动的主题，新时代中国青年运动的方向，新时代中国青年的使命，就是坚持中国共产党领导，同人民一道，为实现‘两个一百年’奋斗目标、实现中华民族伟大复兴的中国梦而奋斗。”广大青年要继续发扬五四精神，把树立远大理想和脚踏实地统一起来，把个人理想融入民族复兴伟大理想和中国特色社会主义思想，担负起时代赋予的光荣使命，奏响新时代的青春之歌。

在五四精神激励下，当代青年要激扬家国情怀，与祖国共奋进。爱国主义是五四精神的核心，是我们民族精神的核心，是中华民族团结奋斗、自强不息的精神纽带。历史充分证明，爱国主义始终围绕着实现民族富强、人民幸福而发展，最终汇流于中国特色社会主义；祖国的命运和党的命运、社会主义的命运密不可分。正如习近平总书记所强调的：“当代中国，爱国主义的本质就是坚持爱国和爱党、爱社会主义高度统一。”实现“两个一百年”奋斗目标、实现中华民族伟大复兴的中国梦，是当今中国最鲜明的时代主题。广大青年要树立与这个时代主题同心同向的理想信念，坚定“四个自信”，厚植爱国主义情怀，把爱国情、强国志、报国行自觉融入实现伟大梦想的奋斗之中，努力成为社会主义建设者和接班人，努力成为担当民族复兴大任的时代新人。

在五四精神激励下，当代青年要坚持知行合一，同人民齐奋斗。同人民一起奋斗，青春才能亮丽；同人民一起前进，青春才能昂扬；同人民一起梦想，青春才能无悔。习近平总书记强调：“当代中国青年要有所作为，就必须投身人民的伟大奋斗。”今天，新时代中国青年处在中华民族发展的最好时期，既面临着难得的建功立业的人生际遇，也面临着“天将降大任于斯人”的时代使命。广大青年只有把自己的小我融入祖国的大我、人民的大我之中，与时代同步伐、与人民共命运，才能更好实现人生价值、升华人生境界，在祖国的万里长空放飞青春梦想。

百年风云变幻，不变的是精神；百年沧海桑田，不老的是青春。今天，对五四运动最好的纪念，就是让五四精神在新时代放射新的光芒。让我们紧密团结在以习近平同志为核心的党中央周围，释放青春激情、追逐青春理想，拥抱新时代、奋进新时代，以青春之我、奋斗之我，为民族复兴铺路架桥，为祖国建设添砖加瓦，让青春在为祖国、为人民、为民族、为人类的奉献中焕发出更加绚丽的光彩！

（资料来源：http：//www. gov. cn/xinwen/2019-05/03/content_5388482. htm。）

评析：这是一篇社论，标题由主题+辅题构成。标题观点鲜明，并标明了写作契机和写作缘由。观点建立在广大青年要继续发扬五四精神，把树立远大理想和脚踏实地统一起来，把个人理想融入民族复兴伟大理想和中国特色社会主义思想，担负起时代赋予的光荣使命的基础上，以“致敬100年前那段激情燃烧的岁月”为开头，奠定了社论的立意，全面阐述“青年兴则国家兴，青年强则国家强”的观点，围绕着“新时代发扬伟大五四精神”的主题，开展深刻而全面的论述。

社论作为媒体代表同级党委政府发言的舆论工具，是反映舆论、组织舆论和引发舆论的重要文体。通过鲜明的观点、有力的论据和逻辑的论证等的有机组合，在社会上形成一股引导正义和正气的力量，或驳斥错误的观点、不当的做法与歪风邪气，推动社会和谐发展。

【例文二】

“嫦娥四号”总师走进高校思政课堂　畅谈探索星空的爱国故事

新华网南京4月12日电(庞雪汀)4月11日，“爱国奋斗·南航担当”嫦娥四号研制团队校友思政公开课在南京航空航天大学开讲，嫦娥系列探测器及火星探测器总指挥、总设计师顾问、南航航天学院院长叶培建院士，嫦娥四号探测器、火星探测器总设计师、南航1988级校友孙泽洲，以及2002级校友何秋鹏、2004级校友回到母校，化身“思政教师”筑坛开讲，与母校师生畅谈他们探索星空的爱国故事和时代担当。

“能来母校汇报，我感到很高兴，也很荣幸。”孙泽洲在台上激动地说。接着，他为台下1700余名师生带来《人类首次月球背面之旅——嫦娥四号探测任务》演讲。孙泽洲从任务概述、科学意义、取得成果等方面进行了授课。月球背面着陆到底难在哪儿呢？我们为什么要登陆月背？孙泽洲都做了深入剖析讲解。

团队攻坚和心态精神是面对挑战难题时必不可少的两个方面，孙泽洲谈到，大力协同是航天人一个很好的精神，正是这种精神，使大家都能有一个共同的认识，围绕着一个目标去解决问题。“作为一个总师，有时候需要举轻若重，一个事情我一定要重视它。但有时遇到困难也要举重若轻，表现出一个良好的心态，也是对团队的激励。”孙泽洲说。

孙泽洲还为课堂准备了几个由“嫦娥四号”着陆器、巡视器拍摄的小视频。“我们并不是简单重复国外的经验，我们有自己的特点和技术，有自己的创新，所有的过程都是通过实干来实现的。这背后的艰辛、付出和成功，都属于整个团队。”孙泽洲总结道。

现场对话环节，校友们结合未来探月工程和深空探测的规划，以及“嫦娥四号”背后的故事娓娓道来。在南航马克思主义学院党总支书记徐川的主持下，四位嘉宾与南航师生进行了一次难得的“零距离”对话。

叶培建给在场师生介绍了中国航天的宏伟规划：“我们还要到火星取样返回，还要对木星进行探测，对木星探测的同时，还将向太阳系边际探测飞行。中国的航天强国梦，将为中国的伟大复兴作出贡献！”

在叶培建描绘的航天蓝图背后，是几代航天人的初心与坚守。孙泽洲分享了嫦娥四号研制背后的心血和努力，他坦言：“认识一个新的事物就是试错的过程，但航天事业却不会给你很多机会去试错。”在研制嫦娥四号的过程中，除了对中继方案的反复尝试，团队还面临信号品质的问题。历经多个环节寻找原因，二三十人没日没夜奋斗一个礼拜，才使问题得到有效解决。

何秋鹏和高珊两位校友也回忆起了在母校南航的青春岁月，从南航入学、考研，再到毕业工作，两人始终坚持初心。2003年杨利伟乘坐“神舟五号”进入太空，这对何秋鹏的触动特别大，也让他坚定了航天梦想。“一开始其实也没有想过，航天会跟自己生活产生这么多交集。”高珊说，“在‘嫦娥’团队工作之后，我感觉到航天确实是一个值得为之奋斗的事业。”

“仰望星空，脚踏实地。”孙泽洲与在场师生共勉。四位校友纷纷向青年们给出寄语，希望青年们将航天精神、南航担当代代传承，助力航空航天事业，为祖国发展作出贡献。

（资料来源：http：//www.js.xinhuanet.com/2019-04/12/c_1124359141.htm。）

评析：这是一篇活动报道，标题为单行标题，突出了活动事件的主题。导语叙述了事件主题和发生的具体时间、地点以及相关人物介绍。以“嫦娥四号研制团队校友思政公开课”这个事件为切入点，主体部分概括了主要人物的发言内容，并简单描述了活动现场的概况，结尾以“仰望星空，脚踏实地”寄语青年，希望他们将航天精神代代传承，助力航空航天事业，为祖国发展作出贡献。语言简洁，结构清晰，主题鲜明。

【例文三】

折翼海天，用生命为航母事业铺路

4.4秒，生死一瞬，他毅然选择“推杆”挽救飞机，放弃了第一时间跳伞。2016年4月27日，海军歼-15舰载机飞行员张超因飞机机械故障，在陆基模拟着舰训练中壮烈牺牲。没有留下豪言壮语，只有拼尽全力的执着，他最终倒在离梦想咫尺之遥的地方——只剩下最后7个飞行架次，他就能飞“上”航母辽宁舰。这一天，年仅29岁的他，来不及给年迈的父母、亲爱的妻子、2岁的女儿留下一句话，便匆匆走了。

“他是我选来的，也是我送走的，他是个天生的优秀飞行员。”海军某舰载航空兵部队部队长戴明盟动情地说。张超，海军少校，一级飞行员，飞过8个机型。他驾驶歼-8巡逻西沙，驾驶歼-11B在南海战备值班。从陆基转为舰基，他的飞行技能有口皆碑。着舰指挥官王亮说：“他最后一个飞行架次表现依旧出色，面对特情，他的处置冷静而准确。”

国之利器，以命铸之。舰载机上舰飞行，被喻为“刀尖上的舞蹈”，是航母形成战斗力的关键。为国担当，他到舰载航空兵部队报到时与妻子张亚约定：“未来一年别来探亲，等我驾战机从航母上凯旋，再与你相聚!”凭着拼命三郎的劲头，张超和战友克服前所未有的风险和挑战，在一年之内完成歼教-9、歼-15两型战机改装。“他用自身的实践，为海军舰载战斗机飞行员快速成长探索出了一条路。”海军某舰载航空兵部队参谋长张叶说。

“无论何时，他的脸上都挂着灿烂的微笑。”这是张超留给战友最深刻的记忆。篮球场上，满场飞奔、笑声爽朗的是他；饭桌上，讲笑话逗大家乐的是他；训练中，面对风险笑容依旧的是他。最后一次飞行，他还是微笑着登上战机……张超走了，战友们才意识到：这微笑的背后，是如山的坚强。海军某舰载航空兵部队政委赵云峰说：“他用自己的牺牲换来战友们的飞行安全，用年轻的生命为航母事业铺路。”

暴雨如泣，英雄回家。他的老师不愿相信“那个品质淳朴、学习认真的阳光男孩”就这样走了；他的同学不愿相信“那个英俊帅气、有情有义的哥们”就这样走了。妻子张亚喃喃道：“超，醒一醒，你给我买的新裙子，我还没穿给你看呢。”女儿的哭声，让送行的人们泪流满面，却没能唤醒“睡着了的爸爸”。看完飞行事故视频，老父亲抹干眼泪：“崽，你尽力了，跟爸回家吧。”

评析：在第27届中国新闻奖的评选中，刊登在《解放军报》2016年8月1日要闻版上的《折翼海天，用生命为航母事业铺路》一文，荣获文字消息一等奖。文章用平凡人的视角，讲述了海军歼-15舰载机飞行员张超烈士，用生命为航母事业铺路的英雄壮举。

从新闻采写上来看，它妙用引语，使新闻的价值得到倍增。如文中写道：“他是我选来的，也是我送走的，他是个天生的优秀飞行员。”海军某舰载航空兵部队部队长戴明盟动情地说。为国担当，他到舰载航空兵部队报到时与妻子张亚约定：“未来一年别来探亲，等我驾战机从航母上凯旋，再与你相聚!”还有文中在结尾处写的英雄的妻子、女儿、父亲说的话。全文 907 个字，引语就占了 240 个字，占全文篇幅的近三分之一。文中的引语使报道真实、客观、可信，从而使报道更加具有可读性和感染力。

另外，这篇消息在运用细节上是很成功的。它以一种近乎白描的手法，既聚焦时代近景，写出了英雄的音容笑貌，又放大时代景深，写出了英雄用生命为航母事业铺路的悲怆。如文中写的：“4.4 秒，生死一瞬，他毅然选择‘推杆’挽救飞机，放弃了第一时间跳伞。”消息结尾更是抓住英雄骨灰回家的诸多现场细节，如文中写的：妻子张亚喃喃道：“超，醒一醒，你给我买的新裙子，我还没穿给你看呢。”女儿的哭声，让送行的人们泪流满面，却没能唤醒“睡着了的爸爸”。看完飞行事故视频，老父亲抹抹眼泪：“崽，你尽力了，跟爸回家吧。”这样的细节，读起来催人泪下，那个以“国为重、己为轻”的英雄形象使人心灵受到震撼，思想受到洗礼，并久久留驻心间。

【例文四】

2011 年春节期间，一起非常值得关注的公共事件，就是微博“打拐”。网友们零碎的、非专业的行动，与公安部门、媒体、人大代表及政协委员等社会力量结合在一起，迅速形成舆论焦点。或许，在微博传播的历史上，这是一起值得被铭记的事件。事件起于中国社科院学者于建嵘教授所发的“随手拍照解救乞讨儿童”微博，该微博经热心网友不断转发，形成强大的舆论传播力量，并吸引了传统媒体的跟进与关注。一时间，微博与“打拐”分别成为春节期间的重要关键词。这起高举道德与法律旗帜的公共事件，为兔年春节涂抹了一层人文的亮色。

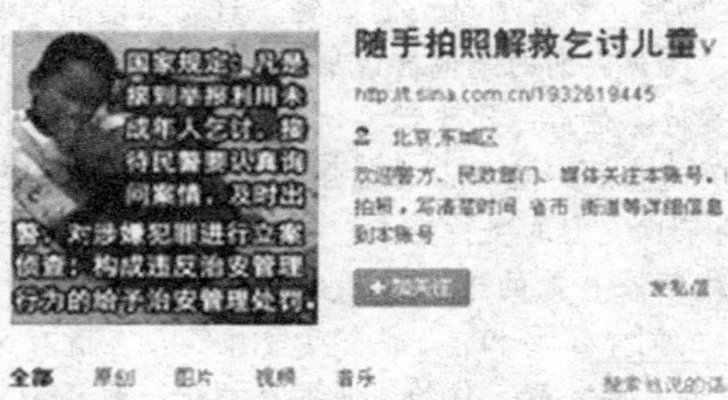

评析：2010 年，曾被称为中国的微博元年。随着相关技术不断成熟，随着微博注册用户数量不断增加，微博平台越来越呈现出影响舆论甚至制造舆论焦点的力量。在 2010 年的多起公共事件当中，微博的功能展现可圈可点。不过，在微博“打拐”这一事件中，撇开技术层面的东西不谈，就本质而言，其反映出的，仍是在处理公共事务过程中涌动的不可小视的民间力量。这种力量促使政府与民间行为合力，共同推动社会的进步。

四、写作实训

1. 利用微博制作一份“微简历”来介绍自己，不超过 100 字。

2. 阅读下面这则消息，根据内容，拟写一个双行标题。主标题揭示主要新闻事实，副标题补充说明新闻事实。字数限定在25字以内。

本报讯(记者林靖)2011年元旦假期将至，30多名北京铁路警方反扒民警被召集起来，参加为期10天的反扒集中培训班，以便在即将来临的春运中抓获更多扒手。

反扒培训班从前天开始，到2011年1月9日结束，北京铁路警方刑警支队特邀市局公交总队的两名反扒专家前来授课。除了讲理论，公交反扒专家还与铁路反扒民警在火车站实地演练，这也使得火车站扒手们“厄运”连连，开班当天，他们就在北京西站现场抓获两名扒手。

30日中午13点，在北京西站二楼中央进站口，反扒民警们发现目标人物。“看，那边两个男的一前一后，把提着包的男旅客夹在中间，肯定是掏后兜，这跟公交车挤车门的手法一样。”公交总队的反扒专家压低声音对身边的铁路民警说。几名便衣铁警悄悄跟了上去。

当后面那个男子将手伸进旅客后裤兜时，铁警闪电般冲上前，将两名窃贼抓住，当场查获他们刚偷的508元钱和一张火车票。

记者了解到，截至今天上午，专项反扒培训班已破获被盗案件5起，抓获扒手5名。

（资料来源：2010年12月31日《北京晚报》第11版警法新闻。）

☞ **知识链接**

微博体

微博体是网络时代下的一种文体。在Web2.0时代，科学技术日益发展，网络上出现了微型博客，简称微博(Weibo)。网民在微博上发表不多于140字的短消息，为了适应这种情况而产生的一种文体，即微博体。

微博体，也叫“段子体”“语录体”，是网络时代下的一种文体。微博体主要是在微博里发表的，读者是博客、微博圈里甚至手机、电子阅读器的用户，随着互联网的发展，微博越来越流行，一般作者用简短又有意思的词句吸引读者眼球。

梁朝伟生活体：梁朝伟有时闲着闷了，会临时中午去机场，随便赶上哪班就搭上哪班飞机，比如飞到伦敦，独自蹲在广场上喂一下午鸽子，不发一语，当晚再飞回香港，就当没事发生过，突然觉得这TM才叫生活。

三省体：吾日三省吾身……高否？帅否？富否？好，都不是，滚去研读书籍、好好工作、自觉点！

西游记倒写体：如来派师徒四人东去传教，路遇各种磨难，渐发觉众妖均有后台，遂沙僧钻进流沙河，八戒躲进高老庄，剩悟空护送唐僧，天庭如来商议，保唐僧平安为条件，解决掉悟空。悟空被压五指山下，唐僧在长安传教至寿终正寝，五百年后，悟空从五指山下蹦出来，一声不吭大闹天庭后把自己变成石头。

如果不学体：“如果不学新闻，我想做个理发师；如果不学生物，我想当个赛车手；

如果不学金融，我想做个心理咨询师；如果不学医，我想做个流浪诗人……”人人网上袁琳同学的一条状态引来近4万网友转发。

如果体：“如果我有一个儿子，我希望他的音乐和语文老师是高晓松，政治老师是刘瑜，英语老师是那个偏执狂，历史老师是一毛不拔大师，十八岁前的班主任是不加V，十八岁后是贺卫方，发小是和菜头，同桌是柴静，初恋是沧月，后来的女朋友是周迅，混到四十岁，娶了闻小雅。”

忍够体：香港报纸曾出现一个大幅广告：香港人，忍够了！此图传开后，博友纷纷发图回应，接下来各种版本的“忍够体”走红微博，曾经的吐槽逐渐转为一种幽默的跟风，甚至连前几天梁朝伟在微博喂的鸽子也“忍够了”！有人评价说：“微博用幽默和自嘲化解了对抗和谩骂。”今天，还有谁“忍够了”？

蓝精灵体：在那山的那边海的那边有一群小编辑，他们苦命又聪明，他们加班到天明，他们一天到晚坐在那里熬夜写剧本，如果饿了就咬一口小面包，噢，可爱的小编剧，噢，勤奋的小编剧，只要一改剧情他们就要重新写一遍，他们永远努力不会说放弃！